www.ingramcontent.com/pod-product-compliance
Lightning Source LLC
LaVergne TN
LVHW010412070526
838199LV00064B/5280
* 9 7 8 9 3 5 8 7 2 6 4 6 6 *

اسلام اور آج کا نظام

(مضامین)

سید محمد الحسینی شیرازی

© Syed Mohd AlHussaini Shirazi
Islam aur Aaj ka Nizaam (Essays)
by: Syed Mohd AlHussaini Shirazi
Edition: April '2024
Publisher :
Taemeer Publications LLC (Michigan, USA / Hyderabad, India)

ISBN 978-93-5872-646-6

مصنف یا ناشر کی پیشگی اجازت کے بغیر اس کتاب کا کوئی بھی حصہ کسی بھی شکل میں بشمول ویب سائٹ پر اَپ لوڈنگ کے لیے استعمال نہ کیا جائے۔ نیز اس کتاب پر کسی بھی قسم کے تنازع کو نمٹانے کا اختیار صرف حیدرآباد (تلنگانہ) کی عدلیہ کو ہو گا۔

©سید محمد الحسینی شیرازی

کتاب	:	**اسلام اور آج کا نظام** (مضامین)
مصنف	:	**سید محمد الحسینی شیرازی**
پروف ریڈنگ / تدوین	:	اعجاز عبید
صنف	:	غیر افسانوی نثر
ناشر	:	تعمیر پبلی کیشنز (حیدرآباد، انڈیا)
سالِ اشاعت	:	۲۰۲۴ء
صفحات	:	۵۰
سرورق ڈیزائن	:	تعمیر ویب ڈیزائن

مقدمہ

اللہ تعالی نے انسان کو آزمائش کے لئے خلق فرمایا اور دنیا کو گزر گاہ قرار دیا تاکہ انسان کی اخروی جگہ، آخرت، میں اس کو سزا یا جزا دی جائے۔ اسی لئے مجرم اور نیک اشخاص کو آزاد چھوڑ دیا ورنہ اگر مجرم کو گناہ کے ترک کرنے پر مجبور کیا جاتا تو انسان مجبور ہو جاتا تو اس صورت میں ثواب و عذاب کا کوئی فائدہ نہ ہوتا اس وقت انسان انسان نہ ہوتا بلکہ اس پتھر کی طرح ہوتا جو اپنے طبعی وزن کے ساتھ ہوتا ہے اور کسی جبر کے مقابلے کی صورت میں صلاحیت نہیں رکھتا۔ اللہ تعالیٰ نے انسان کی دو طرح سے ہدایت فرمائی ہے:

ا۔ ہدایت باطنی و وجدانی جو انسان کو ہمیشہ ڈراتی ہے کہ تم گمراہی کے راستے پر ہو غرضیکہ زندگی کے ہر قدم پر اسکی ہدایت کرتی ہے پس باطنی ہدایت آنکھ کی طرح ہے کہ جو جس چیز کو دیکھتی ہے دل کو گزارش کرتی ہے چاہے انسان اس مشاہدہ پر عمل کرے یا نہ کرے مثلاً اگر آنکھ شیر کو دیکھے تو انسان سے کہتی ہے کہ یہ شیر ہے اس سے دوری اختیار کرو اب چاہے وہ انسان دوری اختیار کرے یا نہ کرے۔ اگر باطن کسی ظلم کو دیکھتا ہے کہ یہ ظلم ہے اب چاہے وہ اس کو انجام دے یا نہ دے یہ ہے پہلی ہدایت ۲۔ دوسری ہدایت کہ جو خدا نے پیغمبروں علیہم السلام کے ذریعہ انسان کو عطا کی، چونکہ انبیاء علیہم السلام وحی الہی کے ذریعہ جانتے تھے کہ کس طرح انسانی زندگی گزاری جائے؟ اگر کوئی انسان اس راہ

کو، جو پیغمبروں علیہم السلام نے بتائی ہے، انتخاب کرے تو وہ دنیا میں سعادتمند اور جہل کی آلودگی، بیماری، فقر، سزا، ذلت ورسوائی سے محفوظ رہے گا۔ اور آخرت میں اسلامی نظام کے علاوہ کوئی اور نظام انسان کو سعادت اور خوش بختی کا پروانہ نہیں دے سکتا۔ یہ کتاب (اسلام اور جدید نظام) ایک چھوٹی سی کوشش ہے کہ جس میں اسلامی نظام اور دیگر تمام نظاموں کو پیش کیا گیا ہے اگر چہ تمام غیر اسلامی نظام ایک ہی نکتے یعنی سیسٹم سرمایہ داری پر ملتے ہیں۔ البتہ فرق ہے سیسٹم سرمایہ داری فردی وسیسٹم سرمایہ داری حکومتی سیسٹم سرمایہ داری (کمیونسٹی) میں۔ اور ان کے ہم پلہ نظام بادشاہت میں یہ تمام چیزیں آشکار ہیں اور وہ چیز جو سامراجی اور امپریالسی کے طرز نظام کی طغیانیت کی وجہ سے جو تمام مراحل میں معرض وجود میں آتا ہے۔ خداوند متعال سے دعا ہے کہ وہ انسان کو اسلامی نظام اور مسلمین کی پیروی کرنے کی ہدایت دے جو ہر طرح سے انسانی معاشرت کے لئے دونوں جہانوں دنیا و آخرت میں خیر و سعادت اور کامیابی ہے۔ وہو المستعان۔

التماس دعا

السید محمد الحسینی شیرازی

(کارزار دو عناصر)

عرصہ کائنات میں یہودی و نصرانی دو دین ظاہر ہوئے ہیں جیسے حضرت موسی اور حضرت عیسی علیہما السلام لائے تھے۔ ان کو خداوند متعال کی طرف سے انسان کی اصلاح و ہدایت، جہاں میں صلح و امن کے قیام اور دنیا و آخرت میں لوگوں کو سعادتمندی کی بلندیوں تک پہونچانے کے لئے بھیجا تھا۔ (مگر) افسوس کہ ان دو عظیم پیامبروں کے معاصرین گمراہ ترین وخود پسند ترین انسان تھے۔ مثلاً فرعون حضرت موسیٰ علیہ السلام اور یہودی کہ حضرت مسیح علیہ السلام کے ہم زمان تھے۔ جہالت وخود پسندی کی دلدلوں میں پاؤں سے لے کر سر تک پھنسے ہوئے تھے۔ لہذا پیغمبروں کو ڈھیل نہیں دی تا کہ وہ حقیقت کو روشن اور دین خدا کو آشکار اور انسان کی سعادت ابدی کے لئے پروگرام بناتے رہیں۔ اس کے بعد ان دو ادیان کے پیروکاروں تک نوبت پہنچی، جو معاصرین کی تاریخی شہادت کی رو سے کوئی نچلی سطح کے منکر نہ تھے۔ انھوں نے تو روز اول سے ہی ان دینوں میں تحریف کا ارتکاب کیا اور اس کے بعد خود غرضی اور خود طمعی کے ساتھ بغیر پہیے کے زندگی کی گاڑی کو ڈھکیلتے رہے۔ مثلاً یہودیوں کی نا فرمانی، ادارۂ تحقیق عقائد مسیحی (inquisitions) وغیرہ کا ضرر (نقصان) بشریت کے لئے فرعون اور معاصرین حضرت مسیح علیہ السلام سے کچھ کم نہیں تھا۔ اگر نہ بھی کہیں تو بھی زیادہ تھا۔

(دین اور دنیا)

مذکورہ دو ادیان کے پیروکاروں کی یہ بھی ایک کج رفتاری و ناہنجاری تھی کہ دین کو دنیا سے جدا کر دیا اور صرف آخرت اور وجدان کے ساتھ اس کو وابستہ قرار دے دیا۔ لہذا انھوں نے کہا (چھوڑ دو، جو قیصر کا ہے وہ اس کو مبارک اور جو خدا کے لئے ہے وہ اس کے لئے مناسب) اس دوران بدلے ہوئے دین نے مظالم، گمراہیوں، کمر توڑ ٹیکسوں، تخت نشین پوپ کے برابر آدابوں کے ذریعے لوگوں کے قدم ڈگمگا گئے اور (ان کے) افسانوی چہروں اور باؤلا پن کی حالت میں اپنے پنجہ گرفت میں پھنسا ڈالا۔ لہذا دانشور و مفکرین ہمیشہ اس کوشش میں لگے ہوئے تھے کہ اپنے آپ کو اس آفت سے نجات دلائیں۔ مصنف کتاب (عذر تقصیر بہ پیشگاہ محمد و قرآن) فرماتے ہیں کہ: "امریکی لوگوں نے مظالم کلیسا سے رہائی پانے کے لئے بارہ ہزار قربانیاں پیش کیں۔" خلاصہ یہ کہ عدالت، امن، استقرار اور بھلائی جیسے امور جو ہر انسان ان کی تلاش میں رہتا ہے ان دو ادیان کی روشنی میں شاذ و نادر نظر آئے تھے۔

(نوید اسلام)

یہاں تک کہ اسلام کا سورج نکلا، جس کا شعار یہ تھا کہ خدا تعالی نے انسان کو اعزاء و اقارب کے لئے انصاف، حسن سلوک اور ان کی پرسان حالی کا حکم دیا ہے اور برائی، بے حیائی اور پلیدی سے روکا ہے۔ اس طرح لوگ اسلام کے ارد گرد جمع ہو گئے۔ اسلام نے استحصالی قوتوں کی زنجیروں کو توڑ دیا اور دوسری طرف سے اسلام نے انسان کی حالت، خاندانی فضاء اور لوگوں کے اجتماعی روابط کو جس انداز سے منظم و استوار کیا کہ اس کی مثال نہ اسلام سے پہلے اور نہ اس کے بعد ملتی ہے۔ اسلام نے نبی ﷺ اور امام علیہ السلام میں

عصمت کو مشروط قرار دیا، اور رہبر، حاکم اور قاضی میں عدالت و پاکیزگی کا اعتبار کیا ہے۔ اور خود قانون اور اس کی توانائی جو کہ زندگی کے شعبوں کے نظم و نسق پر (مرتب ہوتی ہے وہ رہبر، حاکم اور قاضی کی) عدالت سے زائد اور الگ ہے۔ اسلام کی دور اندیشی اور گہری نظر یہ تھی کہ نظام کو، ایک اندرونی نگہبانی، جو تکوینی توانائی سے انسان کے اندر موجود ہے، اسے وابستہ کر دیا۔ اس طرح جب کوئی مثقال بھر اچھا یا برا عمل کرتا ہے تو (وہ باطنی نگہبان) اس کی جزاو سزا کو دیکھتا ہے۔ (چنانچہ) اگر مسلمانوں کے حقیقی پیشوا حضرت علی علیہ السلام کو ساتوں آسمان اس لئے دئے جائیں کہ وہ چیونٹی کے دہن سے "جَو" کا چھلکا چھینیں تو وہ ہر گز ایسا نہیں کریں گے۔ اور اسلام عظمت مادی و شوکت سلطانی کو ناپسند کرتا ہے کیونکہ اس طرح کا ٹھاٹ باٹ، رعب و دبدبہ اس کو لوگوں کی دادرسی کی راہ سے روکتا ہے۔ چنانچہ پیغمبر ﷺ ، امام علیہ السلام اور دیندار حاکموں ان کے پیروکاروں کی زبان حال یہ تھی کہ:

"میں بے سروسامان ہوں اور بے سروسامان ہم نشینوں کے ساتھ بیٹھتا ہوں"

اسلام اس پر حکمت طرز عمل کے ذریعہ نظام اور قوۃ نفاذ میں یہ کر سکتا تھا کہ انسان کو ایک حالت سے دوسری حالت کی طرف بدلے۔ حتی کہ اس بلندی تک پہنچائے جس کو ہم خود بھی حق ہی سمجھیں کیونکہ اسلام کی رو سے جو انسان ہے اور دوسرے مکاتب کی رو سے انسان، کے درمیان وہی نسبت ہے جو انسان اور بندر میں ہے اور شاید یہ بھی نسبت نہ ہو کیونکہ بندر بھی کچھ موارد میں انسان سے شباہت رکھتا ہے۔ لہذا "پلدیو اراث" اسلام کے بارے میں کہتا ہے: " اسلام مردوں کو انسانوں، عوام کو لائق ہم وطنوں، خالی سینوں کو آرزومندوں بہادروں اور مطمئن و معتمد عقلوں کو بدلنے میں کامیاب ہو گیا۔ اسلام نے وہی کچھ چھوڑا ہے جو انسان کی دانائی اور بلندی کی ترقی کے لئے ہو سکتا تھا" اس سے پہلے

قرآن کریم نے فرمایا ہے:(یہ پیغمبر تمہیں اس چیز کی طرف بلاتا ہے جو تمہاری نگاہ کو زندہ رکھے) دوسری آیت میں فرماتا ہے:(وہ جانوروں کی طرح ہیں بلکہ گمراہ تر ہیں بس انسان بغیر اسلام کے حیوان سے زیادہ بدتر تھا اور مردہ وبے روح تھا۔

(استعمار کی فریب کاری)

یہ بات حیرت انگیز ہے کہ مسلمانوں نے اسلام کے تمام شعبوں میں عمل کرنا ترک کر دیا تھا جس زمانے میں خواب وغفلت اور خود غرضی نے تمام اسلامی سرحدوں کو گھیر لیا تھا، تو لوگ اپنے پیشرو کاروان سے پیچھے رہ گئے تھے۔ اگر چہ ان کی حکومت اب تک استوار و قائم ہے جس کے زیر سایہ برائے نام عزت، آن بان اور استحکام رکھتے ہیں۔ مگر جس دن سے کلی طور پر اسلام کی پیروی کی چادر اتار پھینکی اور قوانین آسمانی والٰہی کو مغربی وانسانی قوانین میں بدل ڈالا تو ایک اے سے کٹھن مرحلے میں داخل ہو گئے جبکہ امت ان کی طرح اس میں گرفتار نہ ہوئی اور نتیجۃً ان کی حکومت، استقلال، سلطنت اور سعادت سب مرمٹ گئی اور (دوسری اقوام) میں جا ملے اور بکھرے پرزے کے مانند ہو کر رہ گئے تا آنکہ ہر گروہ دوسرے گروہ سے نفرت کرنے لگا ہے۔ اور دوسری طرف سے کافر حکومتیں اپنے استعمار کے ذریعہ ان کی ہلاکت کی گھات میں ہیں۔ اور احتکاری سوسائٹیاں بھی ان سے مفاد حاصل کر رہی ہیں۔ اور بیچارے کوئی یار و مدد گار نہیں پاتے نہ آسمان میں اور نہ روئے زمیں پر۔ بالآخر کچھ فرانس کا نصیب، کچھ برطانیہ، بعض سویت یونین کے اجزا اور چند امریکا کے اور کوئی حصّہ کافر، غیر مسلم حکومتوں کے ہاتھ آیا جیسے ہند، ایتھوپیا، کچھ حصہ یہود اور کچھ امپیریلزم کے تحت دار پر چڑھ گئے اور آگے اسی طرح بٹتے رہے۔ کچھ لوگ تو حقائق تک پہنچ نہیں پاتے، گمان کرتے ہیں کہ ان دشمنوں کی گستاخی میں

خسارہ ونقصان ہے۔(ہاں) مگر دو پہلوؤں سے مسلمانوں کو(ہی) فائدہ پہنچے گا:

ا۔ تمدّن، تہذیب وصنعت کا پہلو۔

۲۔ صلح، استقرار وامن کا پہلو۔

لیکن ان لوگوں کو آگاہ کرنا چاہیے کہ پہلا پہلو یہ ہے کہ اگر مسلمان اسلام کی پیروی کرتے تو تمام جہتوں سے قوی ترین، بہترین متمدن حکومتوں کے مالک ہوتے۔ اور آیا اس حال میں جو مثلاً جب ریتیلی اور غیر آباد زمین دس دینار سے دس ملین تک پہنچ چکی ہو اور آباد زمین ایک ہزار سے دس ہزار دینار تک پہنچ چکی ہو تو کہہ سکتے ہیں کہ آباد زمین مہنگی ہو چکی ہے؟

شرق وغرب سخت زبوں حالی کا شکار ہو گئے تھے اور یہ ان کی پیش قدمی دوسری دفعہ کا ثمرہ ہے اور مسلمان ان خوابوں میں ہی رہ گئے کہ ان کی شاہراہیں ڈامر کے ساتھ پختہ اور ان کے بعض مصالح استوار ہو چکے ہیں۔ افسوس کہ یوں بے آبرو اور ایک افتادہ قوم بنے رہ گئے۔ مگر دوسرا پہلو ایک انگریز مفکر نے اپنے عزائم ہمارے متعلق رکھنے کے بارے میں (ظاہر کیا ہے) اور (بڑی بات تو یہ ہے کہ) انگریزوں کے زیر تسلط رہنے سے ہمیں کیا ملا ہے، غور سے سنئیے، یہ شخص (ویلز ید سکاون بلنت ہے) کہتا ہے:"سوائے ظلم و ستم، سیاست اذیت و آزار کے ہم سے کوئی اور امید نہ رکھیں، ہم تمہارے مالوں کو چھینیں گے اور تمہارے اخلاق کو فاسد کریں گے، ہم تمہیں ایک ایسے جہنم میں جو ہند کی طرح ہو گا (کیونکہ وہ بھی ہماری پیروی میں ہوا ہے) میں ڈلوائیں گے، ہم تمہارے لئے اچھائی نہیں چاہتے اور ہماری طرف سے تم پر نہ قانون، نہ آزادی خواہشات، نہ آزادی تعلیم اور حتی مانچسٹر کے مالیخولیا کے مریض جولاہوں کے سبب شخصی آزادی بھی تم پر عائد نہ ہو گی، یہودی و انگریز تاجر جتنا تم پر تسلط حاصل کر چکے ہیں اس سے کہیں بڑھ کر ہم (ان کو تم

پر)مسلط کریں گے۔"

آقائے "دڑفارا" کہتا ہے:"انگلستان دور سینوٹو کے سات صدیوں کے بعد وہ فارمولا جو"سینوٹو"اپنے دماغ میں تیار کر رہا تھا اور اپنی کتاب میں بھی تحریر کیا تھا، حاصل ہو سکے گا، وہ فارمولا مسلمانوں کے قتل اور ان کی حکومت کو جڑ سے کھودنے پر اکساتا ہے "شاید آپ یہ سمجھیں کہ یہ فقط مغرب کے خواب مسلمانوں کے بارے میں تو پھر ایک نظر(ڈفرنو) مشرقی کی بات پر کریں، جو کسی سے بات کرتے ہوئے کہتا ہے کہ:"اگر روسی شہنشاہیت نے ان مسلم ریاستوں کو جو ان کے نو آبادیاتی نظام میں شامل ہیں، گنوا دیا تو اس کے لئے کوئی چیز باقی نہیں رہ جاتی کیونکہ تیل، کپاس، اور تمام معدنی مصنوعات ان اسلامی سرزمینوں سے پیدا ہوتی ہیں۔"لہذا آج اگر ان اسلامی ملکوں کو دیکھئے جو اب تک اسلامی ملک رہتے ہوئے چلے آئے ہیں تو کوئی بھی زراعت، صنعت، تجارت، ترقی و خوشحالی کہ جس سے ایک اسلامی ملک مالامال ہو جائے استعمار کو نہیں بھاتی کافروں نے مسلمانوں کو افتادہ اور درماندہ رکھنے کی پیش بندی کی تھی جس کے بہت سے عوامل تھے، جن میں سے کچھ کا ذکر کرتے ہیں:

ا۔ قوانین کفر کو مسلمان ملکوں میں رائج کرنا تاکہ ان کا اپنے مکتبۂ فکر سے رابطہ ٹوٹ جائے۔

۲۔ گناہوں اور ناشائستہ کاموں کو عام کرنا تاکہ اسلامی ملکوں کے مسلمان ان برائیوں کے ذریعہ اسلام کے تصور کو ہی بھول جائیں۔ جب اس قدر معنائے اسلام مسلمانوں کے نزدیک قابل احترام بنے تو مرحوم محقق کرکی فرماتا ہے: "فلان ملک اسلامی۔---------- کہ جس کے احترام کے سبب نہیں چاہتا کہ اس کا نام لوں، مناسب نہیں ہے کہ اس کو اسلامی کہا جائے کیونکہ سنا ہے کہ اس کے تاجر بازاروں میں

دھوکہ کرتے ہیں۔"

۳۔ اسلام کو بدنام کر کے مسلمانوں کے ذہن میں بٹھانا۔ لہذا دیکھا جاتا ہے کہ انھوں نے اسلام کو ایک ایسے دین کا عنوان دیا کہ جس کا زمانہ گذر چکا ہو، مدت بیت چکی ہو اور خصوصاً نوجوانوں کو تو اسلام سے اس طرح دور بھگاتے ہیں جیسے لومڑی شیر سے بھاگتی ہے ان کو تو اس حد تک قابو کر لیا ہے کہ اگر ان سے کہا جائے کہ اسلام نظام و قانون رکھتا ہے تو تمسخرانہ انداز سے گھورنے لگتے ہیں۔ ایک اسلامی ملک کے وزیر عدل وانصاف نے مجھ سے کہا کہ اسلام میں کوئی قانون نہیں ہے اور جب میں نے اس سے کہا کہ پھر کیونکر چوڑے چپڑے ملکوں پر (اسلام) حکومت کرتا ہے ؟ تو "وزیر" گھبرا گیا اور بات کو گھما کر کہا کہ: میرا مقصد یہ تھا کہ اساسی وبنیادی قانون نہیں رکھتا تو اس پر بھی میں نے جب اسے کہا کہ کیا یہ سیاست نہیں رکھتا یعنی ادارۂ نظام ملک، جنگ، صلح اور روابط ممالک ؟ جبکہ اسلام نے تو ان تمام امور کے لئے قانون سازی کی ہے۔ خاموش ہو گیا جواب نہ دے سکا۔

(تمدن یا تنزل)

دیکھیں کہ نیا (ماڈرن) تمدن کہ جس نے اسلامی تمدن کو ایک طرف کر دیا ہے کیا وہ اسلامی تمدن کے بغیر بشریت کو مقام ترقی تک لے جا سکتا ہے یا وہ اجاڑنے والا ہی نہیں بلکہ تعمیر زندگی پر بھی قادر نہیں ؟ کہا جا سکتا ہے کہ نیا تمدن اپنے اندر دو پہلو سموئے ہوئے ہے۔

۱۔ صنعتی پہلو ۲۔ انسانی پہلو

اور تازہ تمدن (اگر) موضوعات علم، ایجاد اور صنعت میں وہ بلند قدم اٹھاتا کہ نوع

بشر کے لئے ماضی میں کوئی مثال نہ ہوتی (ہمارے علم کی رسائی تک) تو ایک بات تھی لیکن اس کے برعکس اس نے انسان کو اس درجہ پستی میں ڈھکیل دیا کہ اس سے بدتر کوئی چیز وجود نہیں رکھتی۔ کافی ہے جو یہ جانیں کہ پہلی اور دوسری عالمگیر لڑائی تنہا بیس (۲۰) صدیوں کی قربانیوں سے زیادہ قربانیاں ہضم کر چکی ہے چنانچہ اہل تاریخ اور علم اعداد و شمار بیان کرتے ہیں۔

اور وہ تمدن جو سعادت کے ساتھ نہ ہو کیا فائدہ دے سکتا ہے! اگر کوئی شخص آپ کو ایک ایسا محل عطا کرے جو تمام ماڈرن وسائل و آرائشوں کا مرقع ہو اور آپ کو ڈرائے کہ کل موت کے گھاٹ اتار دئے جاؤ گے کیا تم اسکی مدح کرو گے یا مذمت؟ آیا تمہاری نظر میں جھونپڑی اطمینان قلب کے ساتھ بہتر نہیں ہے اس محل و قصر سے کہ جس میں خوف و اضطراب دامن گیر ہو۔ ماڈرن اور تازہ تمدن کی مثال ٹھیک اسی مثال کی طرح ہے۔ اور اس سے بڑھ کر یہ بات ہر اس شخص کے لئے کہ جو تھوڑا سا بھی فکر اور شعور رکھتا ہو قابل احساس ہے، جس کی تائید دانشوروں کی آراء بھی کرتی ہیں مثلاً (رابرٹ ہشنس) کہتا ہے: "علم (مادی) ایک ہی لمحے میں دریافت و آگاہی، ٹیکنالوجی اور تسلط، طبیعت کے بلند ترین نقطے تک پہنچ چکا ہے مگر اخلاقی و سیاسی زندگی میں اس کی راہ دو پہاڑوں کے درمیان جا کر مسدود ہو چکی ہے۔"

(جارج واشنگٹن) کہتا ہے: دین و اخلاق مہمترین و لازم ترین حالات و عادات میں سے ہیں جو توسیع سیاست سے انجام پائیں گے۔ جو شخص قومی رغبت کا مدعی ہوا اگر بشری سعادت کے ستونوں میں سے ان دو ستونوں کو نابود کرنے کی کوشش کرے تو وہ بیہودہ کام سرانجام دے گا۔ لہذا دیکھتے ہیں کہ مشرق و مغرب جب سے دین و اخلاق سے ہاتھ دھو بیٹھے ہیں (اگرچہ مغرب ابھی مدعی ہے کہ متدین و با اخلاق ہے) بشریت کے لئے نا

پاک ترین جرائم کے مرتکب ہوئے ہیں، وہ اپنی ایجنٹ حکومتوں کی نسبت ہی نہیں بلکہ باہم بھی۔ لیکن نقصان وضرر ان کی ایجنٹ حکومتوں کا زیادہ اور شدید ہوا ہے۔ اس بنا پر مسلمانوں پر لازم ہے کہ اگر انسانی اور آرامدہ زندگی چاہتے ہیں تو اسلامی تہذیب وتمدن کی طرف پھر سے پلٹ کر آئیں۔ اگر اسلام کی طرف لوٹیں گے تو اس کی نورانی مشعلوں کو مشرق ومغرب پر لہرا سکیں گے جس طرح ان کے آبا واجداد نے لہرایا تھا ورنہ دوسری صورت میں بشریت کو فاتحہ پڑھی جائے۔

اسلام روئے زمین کے اور نظاموں کی طرح نہیں ہے بلکہ اس سے مراد ہے:

۱۔ عقیدہ

۲۔ شریعت

۳حکومت

۱۔(عقیدہ)

عقائد اسلامی پانچ ہیں، یعنی توحید، عدل، نبوت، امامت اور قیامت لہذا ان عقائد کو قبول کرنا چاہئیے تاکہ منزل سعادت سے ہم کنار ہوں یہ سعادت صرف اخروی ہی نہیں بلکہ سعادت دنیوی کو بھی اپنے دامن میں سمیٹے ہوئے ہے کیونکہ نظام اسلامی کا اجراء و انصرام انسان کو اس کی زندگی میں سعادتمند بنا دیتا ہے یہ اسی عقیدہ کیا سرچشمہ ہے۔ کچھ لوگ سمجھتے ہیں کہ جس آدمی نے اس مسلک سیاسی واجتماعی (آئیڈیولاجی) کو قبول نہ کیا ہو تو وہ بار اعتقاد کو اٹھانے سے محفوظ ہے مگر یہ گمان اشتباہ ہے۔ جب ذہن طبعاً کسی چیز کو مقدس، مثال اور نمونہ قرار دینا چاہتا ہے۔ اور دے کھتے ہیں کہ اس لئے کچھ لوگ بتوں کی پرستش کرتے تھے اور حتیٰ بے دین کمیونسٹ در حقیقت اسٹالین، مارکس ولینن کو

پوجتے تھے اب اس میں فرق یہ ہے کہ ایک آئیڈیولاجی میں امکان ہے کہ دلائل وبراہین کے ساتھ ثابت ہو یا وہ بکواس وبے مغز ہو اور اس کو تقلیدوں، وہموں اور کینوں نے جنم دیا ہو۔ مثال کے طور پر کسی نے "نہرو" ہندستان کے معروف لیڈر سے پوچھا کہ آپ روشن فکر انسان ہیں پھر کیونکر " گائے "کی پرستش کرتے ہیں ؟ کہا تقلید کرتا ہوں۔ اور کسی شخص نے روشن فکر "ژاپنی" سے پوچھا تم بادشاہ کو کیوں خدا سمجھتے ہو؟ کہا یہ میرا گمان ہے۔ اور ایک آدمی نے ایک کمیونسٹ جو "مارکس" کو مقدس سمجھتا تھا، اس سے کہا کہ تم میں اور مارکس میں کیا مناسبت ہے جبکہ تو عیسائی ہے اور وہ یہودی ؟ کہا اس کینے کے سبب سے جو سرمائیداروں اور استعمار کے آقاؤں سے مجھے میرے دل میں ہے۔ اسی بنا پر اگر کوئی دلیل وبرہان کی رسی کو نہ تھامے تو پھر اس کو تقلید، وہم یا اس کا کینہ جس چیز کی اسے تلقین کرے گا اس پر وہ ایمان لائے گا۔ قرآن کریم ان کی زبان سے فرماتا ہے کہ:"ہم نے اپنے آبا و اجداد کو (اسی) مسلک پر دیکھا اور ہم ان کے آثار کی پیروی کرتے ہیں۔ "" یہ اس کے سوا نہیں جس کا ہم گمان کرتے ہیں "ایک اور آیت میں فرماتا ہے :"ان لوگوں کو، جو غیر خدا کی طرف بلاتے ہیں، ناسزا مت کہو، کیونکہ وہ بھی از روئے دشمنی و نادانی خدا کو ناسزا کہتے ہیں۔" یہ آیات تقلید، گمان اور کینے کی طرف اشارہ کرتی ہیں۔ مگر عقیدہ صحیح کے بارے میں قرآن کریم فرماتا ہے :"جان لو کہ کوئی خدا نہیں سوائے اللہ کے "دوسری آیت میں مخالفین اسلام کو خطاب کر کے فرماتا ہے :" اپنی دلیل لے آؤ "اور تیسری آیت میں کفار کی آئیڈیولاجی کے بارے میں فرماتا ہے :"جہالت کی وجہ سے ہیں نہ ہدایت اور نہ ہی کوئی کتاب روشن ان کے پاس موجود ہے۔"

۲۔(شریعت)

شریعت عبارت ہے ان مقررات (قواعد و اصول) سے جن پر عمل کرنا ممکن ہے

حتی کہ اگر حکومت بھی لازمی نہ ہو خواہ مقررات عبادتی ہوں جیسے نماز وروزہ یا مقررات تحریمی جیسے حرمت مشروبات الکحلی (الکحل سے بنے ہوئے مشروبات) زنا یا مقررات اخلاقی جیسے اچھائی، سچائی امانت داری اور بدی، خیانت، رشوت یا مقررات اجتماعی جیسے مسائل خرید و فروخت، طرز زندگی اپنوں اور دوستوں پڑوسیوں کے ساتھ اور جوان کی طرح ہیں۔ اور یہ دو عقیدے (عقیدہ و شریعت) ہمیشہ باقی رہنے والے ہیں خواہ اسلام اور اس کے آئین پر عمل کرنے والی حکومت، موجود ہو یا نہ ہو۔ اور مسلمانوں کی آج تک بقا کا سبب، باوجود اس کے کہ مسلمانوں پر سخت اندھیاں چلی ہیں، یہی ہے کیونکہ ان اندھیوں کا ہدف تخت و تاج، حکومت و ثروت تھا لہذا عقیدہ و شریعت آفت سے امان میں باقی رہتے ہوئے چلے آرہے ہیں۔ ہاں بعض خطرناک مواقع کہ جن کا ہدف عقیدہ و شریعت تھا پیش آئے ہیں جیسے دوران سقوط اندلس، صلیبی حملے اور اسی صدی میں کمیونسٹوں کے ہجوم و حملے۔ جبکہ اسلام عقیدہ و شریعت کے لحاظ سے دین فطرت ہے لہذا اجتماعی زندگی میں بدرجہ اتم کارآمد ہے۔ جبکہ منکرین نے حکومت اسلام کو مٹانے کی سازشیں کی ہیں۔ انسان کی فطرت حکم کرتی ہے کہ جہان کا بنانے اور سنوارنے والا دانا و توانا ہے۔ اور اس کی عدالت کے آثار طبیعت پر آشکار ہیں۔ اور یہ کہ سنوارنے میں ضرور کوئی ہدف ہے جو اس کو ظاہر کرنے کی خاطر ان لوگوں کو بھیجتا ہے جو عوام کو (وہ ہدف) بتادیں، اور فرستادۂ خدا کے لئے ضروری ہے کہ اس کے خلفاء ہوں جو اس کے جانشین ہو جائیں۔ اس طرح خداوند عالم، تابعداروں کو جزا اور عاصیوں کو سزا دے سکے گا۔ کیونکہ اس دنیا میں جزا و سزا کافی نظر نہیں آتی لہذا لازم ہے کہ دوسرے عالم میں تمام ہو جائے۔ (یہ پہلا رخ تھا) اور دوسرا رخ یہ ہے کہ وہ کونسا آدمی ہے جو جھوٹ، ناحق لوگوں کے مال ہضم کرنے اور دوسروں کے مال کی چوری وغیرہ کو ترجیح دے؟ اور کونسا شخص ہے جو خدائے جہان کے

سامنے نماز اور روزے کے طریقے سے سر جھکانے کی استعداد و آمادگی نہیں رکھتا؟ ہم انکار نہیں کرتے کہ بہت سے لوگ وظائف کو انجام دینے کے لئے حاضر اور منکرات سے دوری نہیں کرتے (لیکن) ہم جو کہنا چاہتے ہیں وہ یہ ہے کہ: یہ امور کہ جن کا نام شریعت ہے وہ انسان طبعی کے لئے ہے جو با عقل و ذہن ہو جس کی طبیعت شناسا ہو اور اس کے ذہن یا اعضاء پر بوجھ نہ ڈالیں۔ اس بیان کے ساتھ جو کوئی چاہے عمل کرے اور جو چاہے نہ کرے اور اکثر عمل ہوتا ہے ترک عمل نہیں۔ مسلمانوں کا اپنی آئیڈیولاجی و شریعت کی نسبت سے وہی حال ہے جو بیماروں کا ڈاکٹروں کی نسبت ہے۔ اور یہ طبعی امر ہے کہ بیمار اپنی تندرستی کو پسند کرتے ہیں اس لئے طبیب و ڈاکٹر کے نسخے پر عمل کرتے ہیں۔ اور یہ ان بیماروں کی تعداد جو نسخے پر عمل کرتے ہیں ان لوگوں کے برابر ہے جو (شریعت پر) عمل کرتے ہیں۔

۳۔ (حکومت)

حکومت سے مراد وہ طاقت ہے جو لوگوں پر دو اہداف نافذ کر سکے:

ا۔ ان کے کاموں کا نظم و نسق: ایک گروہ کا دوسرے گروہ پر تجاوز ان پر غیر ملکیوں کے تجاوز سے روک تھام

۲۔ لوگوں کو ان کی زندگی کے مختلف شعبوں میں آگے لے جانا اور مزید اس پر کہنے کی کوئی ضرورت نہیں ہے کہ تشکیل حکومت ضرورت اجتماعیت ہے۔ (مگر یہ کہ اجتماعیت بغیر حکومت کے معجزہ کے ساتھ ہی تشکیل پا سکتی ہے اور یہ بھی سوائے آخرت کے امکان نہیں رکھتی) لہذا امام علی علیہ السلام نے خارجیوں کو جھٹلایا تھا جو وہ کہہ رہے تھے کہ: حکومت خدا کے سوا کسی کے لئے نہیں۔ ان کا مقصود یہ تھا کہ حکام و فرمانرواؤں کی کوئی ضرورت نہیں ہے۔ امام نے اس جملے کے ذریعے ان کو جھٹلایا کہ (چاہیے کہ

لوگوں کے لئے کوئی حاکم ہو) مزید یہ کہ خود خوارج بالآخر تضاد بیانی اور ہرزہ سرائی (بکواس) میں پڑ گئے اور بے عقل لوگ ان کی چال چلنے لگ گئے۔ مگر ان کی رفتار ان کی گفتار سے کچھ مختلف تھی اور ان کے قدم غیر مضبوط تھے لہذا تمام شعبوں میں انھیں سخت عصبیت اور بے پناہ قربانیوں کی آمادگی کے باوجود ناکامی اور شکست سے دوچار ہونا پڑا۔ یہاں پر حکام خوارج اور ان کے ہوا خواہوں کی بے راہ رویوں کی دو تاریخی مثالیں ذکر کرتے ہیں:

ا۔ ایک حاکم نے خوارج کے حاکم کا سر نیچا کرنے کے لئے پیش بندی کی، اس طریقے سے کہ ایک شخص کو اس حاکم کی طرف بھیجا اور حکم دیا کہ خارجیوں کے سامنے حاکم کو سجدہ کرے۔ جب اس نے یہ کام انجام دیا تو خارجی اٹھے اور اپنے حاکم کو قتل کرنے کا ارادہ کیا۔ جس شخص نے سجدہ کیا تھا وہ تو بھاگ چلا۔ حاکم حیران ہو گیا کہ اس کے طرفدار اس کی جان کے درپے ہو گئے ہیں۔ سبب پوچھا۔ کہا تو جہنمی ہو گیا ہے اور اہل جہنم کو مار دینا چاہیئے حاکم نے پوچھا کیونکر میں اہل جہنم سے ہو گیا ہوں؟ درآنحالیکہ میں نے اس کو سجدہ کرنے کا حکم تو نہیں دیا اور اس کے ارادے سے بھی پہلے واقف نہ تھا اور اب اس کے کئے ہوئے پر راضی نہیں ہوں۔ انہوں نے کہا کہ: مسئلے میں علم رضامندی اور ناراضگی شرط نہیں ہے، کیونکہ خداوند عالم نے قرآن کریم میں فرمایا ہے کہ: "تم اور تم جس چیز کی سوائے خدا کے عبادت کرتے ہو جہنم کا ایندھن بنو گے۔" اور تیری عبادت اور پرستش ہو چکی ہے اس بنا پر جہنم کا ایندھن بن چکے ہو۔ الغرض اس وہم گناہ کی وجہ سے اس کو موت کے گھاٹ اتار دیا۔ ۲۔ ایک شخص نے حاکم خوار کی ہلاکت کے لئے سازش کی اور منصوبہ اس طرح بنایا کہ حاکم کے نزدیک اس کے حاشیہ نشینوں کے سامنے آیا اور پوچھا کہ حضرت امیر المومنین علیؑ کو کیوں کافر کہتے ہو؟ حاکم نے کہا: کیوں کہ دین

خدا میں فیصلہ (قضاوت) کر چکے ہیں (اس نے کہا:) کس دلیل کے ساتھ وہ آدمی کافر ہے جو دین خدا میں قضاوت کر چکا ہے؟ کہا: اب تمہارے لئے دلیل دیتا ہوں (وہ یہ ہے کہ) جو تیری دلیل ہے اس کو میں رد کرتا ہوں اب اس صورت میں کیسے معلوم ہو گا کہ حق پر تو ہے یا میں ہوں؟ حاکم نے کہا کہ یہ جو میرے درباری بیٹھے ہیں فیصلہ کریں گے۔ اس وقت اس شخص نے فاتحانہ مصاحبوں کی طرف دیکھا اور کہا کہ: تمہارے حاکم اپنے اقرار سے کافر ہو گئے ہیں کیونکہ انھوں نے پہلے کہا تھا کہ جو آدمی دین خدا میں قضاوت و فیصلہ کرتا ہے وہ کافر ہے اور اب انھوں نے خود دین میں قضاوت و فیصلہ کیا ہے، کیونکہ تمہیں میرے اور تمہارے درمیان قاضی بنایا ہے۔ پس یہاں پر ان کے یاروں نے حملہ کر کے اس کو موت کی نیند سلا دیا۔ اس بنا پر اگر کوئی کہتا ہے کہ تشکیل حکومت کی ضرورت نہیں ہے تو اولاً تو جھوٹ بولتا ہے اور ثانیاً پسند کرے یا نہ کرے ضروری ہے کہ کسی حکومت کے جھنڈے تلے جائے ورنہ اس کی حکومت ناتجربہ کار اور غیر محفوظ ہو گی، جس طرح زمانہ گذشتہ میں خارجی اس بڑے شک و شبہ سے دوچار ہوئے تھے ان اواخر میں بہت سی جماعتیں بھی اسی شک و شبہ میں مبتلا ہوئی ہیں۔ مثلاً نیچہ کہتا ہے: بنیاد حکومت ایک درندہ صفت اور وحشی لوگوں کا گروہ تھا جو تدابیر جنگی رکھنے کی وجہ سے ایک کثیر جماعت جن کی تعداد ان درندوں سے (کئی گنا) زیادہ تھی، اپنے خوفناک پنجوں سے حملہ کر کے ان پر غالب آگئے ہیں کیونکہ ان لوگوں کی کثیر جماعت کے پاس اب تک ایسا نظام نہیں ہے جو ان کی ہیئت و شکل کو ترتیب دے۔ اور اس کے بعد خیانت کار و فتنہ ساز لوگ آئے اور (خام خیالی) میں سونچا کہ یہ مقولہ ٹھیک اور درست ہے کہ لوگوں کی شخصی حکومت خود ان پر سوائے حاکم کے ممکن ہے۔ گویا اجتماعیت عبارت ہے ان پتھروں سے جو آپس میں ملے ہوئے تو ہوں لیکن ایک دوسرے سے احتیاج نہ رکھتے ہوں اور ایک دوسرے کے

حقوق پر ظلم و زیادتی نہ کر سکتے ہوں اور وہ ترقی کہ جو سوائے حکومت و طاقت کے ناممکن ہے، کی ضرورت نہ رکھتے ہوں۔ اس طرح (خصوصاً روس میں) نظام قیصری کے خلاف اقلاب کے دوران میں حکومتی عیب گنوانا شروع کرتے تھے اور لوگوں کے لئے حکومت کی عدم ضرورت جتلا کر کہتے تھے کہ: انسان کی طبیعت عقلمند اور ہدایت یافتہ ہے پھر کیا ضرورت ہے قوانین، حکام، اور قانون نافذ کرنے والے اداروں کی۔ مزید بر آن، حکومت لوگوں کے مختلف طبقات و مفاد پرستوں کی مصلحتوں کی سرپرستی کرتی ہے۔ اس بنا پر حکومت، ملت و قوم کی اکثریت پر نقصان تھوپنے والی ہے۔ مزید بر آں کہ نجی آزادی کی روک تھام کرتی ہے اور یہ بھی انسان کے مفاد میں نہیں ہے۔ کیونکہ انسان کو آزاد پیدا کیا گیا ہے۔ آگے چل کر حکومت کے مخالفوں نے آپس میں اختلاف پیدا کیا ہے۔ ایک گروہ جو کمیونسٹوں کی طرح ہے، اس نے کہا: "طاقت کے ذریعے (حکومت) کو مٹا دیا جائے۔" اور دوسرے گروہ نے کہا کہ: "حکومت کو بتدریج اور مصلحت کے ذریعے ختم کیا جائے" اور آپ قارئین محترم! ان کی بے مغز آراء و دلائل اور خود ان کا اپنی آراء پر عمل نہ کرنے کو عن قریب مشاہدہ کریں گے۔ ا۔ انسان کی طبیعت کا ہدایت یافتہ ہونا، بہت سے جرائم کے ساتھ کہ موجب تشکیل حکومت ہے، سے منافات نہیں رکھتا۔

۲۔ ایسا نہیں کہ ساری حکومتیں صرف اقلیت کی مصلحتیں مقدم سمجھیں۔ یہ فیصلہ سب پر جلد بازی کا بغیر دلیل ہے'

۳۔ نقصان دینے والی آزادی سے روک تھام عیب نہیں ہے بلکہ کمال ہے۔ جی ہاں نافع اور بے ضرر آزادی کی روک تھام اچھی نہیں ہے۔

(ضوابط حکومت)

خود فتنہ وفساد کھڑا کرنے والے لوگوں نے نظام قیصری کو ختم کرنے کے بعد تشکیل حکومت کے معاہدے پر دستخط کئے، مگر کونسی حکومت؟ حیوانیت، ضرر اور گلا کاٹنے والی، ایک عجیب ترین حکومت جو حتی اقلیت کی رعایت کو بھول گئے اور جو صرف حکومتی جماعت (حزب اقتدار) کے مفادات کا تحفظ کرتی ہو۔ اور نہ صرف یہ کہ جو آزادی سابق حکومتوں کی روایت میں ممنوع تھی بلکہ تمام آزادیوں کو ختم کر دیا جیسا کہ اس وقت کے انقلاب اکتوبر کی تاریخ کے تمام صفحات گواہ ہیں، اور مذہب کے مخالف وہاں کے لیڈر آج تک کمیونسٹ ممالک میں اسی طرز کو باقی رکھے چلے آرہے ہیں۔ جی ہاں! صرف اور صرف اکیلا اسلام ہی ہے جو ایک درست نظریۂ حکومت پیش کرتا ہے جس نے عناصر، اہداف اور اپنے طرز عمل کو واضح بیان کیا ہے۔ اگر پوری انسانیت اس پر عمل پیرا ہو جائے تو سب کے دل خوش و مسرور ہو کر اٹھیں۔ اسلام نے حکومت کی مثبت رائے پیش کی ہے لیکن اس کے باوجود نظام اور قوانین کی وضاحت کے ساتھ فسادی عناصر کو حکومت سے باہر نکال پھینکا ہے۔ اور کچھ اسلامی حکومتوں کا ان شرائط و قواعد کا نافذ العمل نہ کرنے کا یہ مطلب ہرگز نہیں کہ ان میں کوئی نقص ہے اور ان کو اسلامی اسلوب سے نکال دیا جائے۔ چنانچہ مثلاً ایک حاکم ڈیموکریسی کے قوانین کو چھوڑ دے تو قصور ڈیموکریسی کا نہیں ہے بلکہ اس حاکم کو ڈیموکریسی کی رفتار سے خارج کیا جائے۔

ا۔ اسلام وحشی درندوں کو تخت حکومت پر نہیں بٹھاتا (جیسا کہ دانشور نیچہ کا نظریہ تھا) بلکہ (پیغمبر ﷺ اور امام علیہ السلام کے بعد) سربراہ حکومت میں شرط کرتا ہے کہ: عالم، عادل، مدبرِ امور دین و دنیا ہو اور حکومت کے چرخے کو بہتر طور پر چلائے۔

۲۔ اسلامی حاکم لوگوں کے تمام طبقوں کے مفاد کے لئے سرگرم عمل ہوتا ہے،

کسی خاص طبقے کے لئے نہیں۔ اور حاکم کو چاہیے کہ جملہ اصول و قواعد اسلامی ایک مرحلے میں ان پر نافذ کرے، مفاد پرستی، ذخیرہ اندوزی، سود، چور بازاری میں ان جیسی چیزوں کی روک تھام کرے جو افسوس کے ساتھ کہنا پڑتا ہے آج کے تمام حکومتوں کا معمول بن چکی ہیں مثلاً سرمائیدارانہ حکومتوں، ملوک الطوائف، کمیونسٹ حکومتوں میں تنہا حکام اور بادشاہ ان امور کو بدترین طریقے سے انجام دیتے ہیں۔

۳۔ اسلام، کمیونزم کی طرح ساری آزادیاں سلب نہیں کرتا اور سرمائیداری کی روایت کی طرح ہر چیز کو بے لگام نہیں چھوڑتا بلکہ شائستہ آزادیوں کی اجازت دیتا ہے جبکہ ضرر رساں آزادیوں کی روک تھام پر عمل پیرا ہوتا ہے مثلاً لوگ حکومت اسلامی کے زیر سایہ معاملات، سفر، عمارت، تعمیر زندگی، صنعت، کھیتی باڑی اور ان جیسی چیزوں میں آزاد ہیں اور اسی حال میں کسی کو اجازت نہیں دی جاتی ہے کہ دوسرے سے مفاد حاصل کرے یا کسی کو پست کرے، یا ایسا مواد جو اعضاء کو سست و بے حس کرنے والا ہو، مورد معاملہ و تجارت قرار دے۔ حال یہ کہ یہ فائدہ رساں آزادیاں کمیونسٹ حکومتوں میں ممنوع اور ضرر رساں آزادیاں سرمائیدارانہ حکومتوں میں جائز و عام ہیں۔ ممکن ہے کہ جو کچھ ہم نے کہا ہے اس پر آپ تعجب کریں کہ آیا اس قسم کی آزادی، سرمایہ داری کی روایت و روش میں ہے! جی ہاں۔ مگر اخبار و رسائل کے حملے کسی فرد مخصوص یا گروہ پر آزادی کی آڑ میں توہین اور دشنام طرازی نہیں ہے؟۔

(حاکمیت سسٹم یا فرد)

ان نکات کے ذکر کرنے کے بعد حکومت کے ان اقسام کے بیان کرنے کی کوئی ضرورت نہیں سمجھتے جو فلاسفہ، حکماء اور صاحبان نظر نے بیان کی ہیں البتہ ناموزوں نہ ہو

گا کہ ذہن کی شناسائی کے لئے حکومت کے بنیادی ڈھانچے کی طرف اشارہ کریں کلّی طور پر حقوق انسانی و سیاسی کے لحاظ سے اصیل ہونے کی صورتیں: ا۔ فرد اصیل ہے، حکومت نہیں۔ ۲۔ حکومت اصیل ہے، فرد نہیں۔ ۳۔ حکومت و فرد ایک ساتھ دونوں اصیل ہیں۔ مگر وہ مذہب جو فرد کو اصیل قرار دیتا ہے: گذشتہ صفحات میں ہم نے کہا تھا کہ ایک جماعت کے نظریہ کے مطابق انسان پوری آزادی کے ساتھ تمام شعبوں میں زندگی بسر کرے، سوائے اس حکومت کے جو اس کی آزادیوں کو کچل دے۔ اس نظریہ کی عدم صحت اس کے مفاسد کے علاوہ ہے جو بیان ہو چکا۔ مگر وہ مذہب جو تنہا حکومت کے اصیل ہونے کا قائل ہوا ہے: یہ مذہب ان لوگوں کا ہے جنہوں نے حکومت کو ناپسند سمجھا ہے اور کسی طور پر کسی فرد کی اہمیت وارزش کے قائل نہیں ہیں۔ اس بنیاد پر جو حکومت چاہے گی عمل کرے گی۔ جس میں شخصی آزادی، خوشی اور اس کے مطالبات کا کوئی لحاظ نہ ہو گا۔

مگر وہ لوگ جو حکومت اور فرد دونوں کے ساتھ ساتھ اصیل ہونے کے قائل ہوئے ہیں: وہ مراد ہیں:

الف۔ وہ لوگ ہیں جنہوں نے فرد کو صلاحیتوں کے دینے میں افراط کیا ہے

ب۔ وہ لوگ ہیں جنہوں نے حکومت کو صلاحیتوں کے دینے میں افراط کیا ہے

ج۔ وہ لوگ ہیں جنہوں نے دونوں کے درمیان عدالت سے فیصلہ کیا ہے، جس کو اختصار کے ساتھ واضح کرتے ہیں:

ا۔ جن لوگوں نے حکومت کو قبول کرنے کے ساتھ ساتھ زیادہ تر صلاحیتیں فرد کو دی ہیں یہ اس کارگذاری کا عکس ہے جو اٹھارویں صدی عیسوی میں حکومت نے ہر شعبے میں حتی کہ لباس اور اس کے ماڈلوں کے منتخب کرنے میں دخل اندازی کر رکھی تھی۔ لوگ اپنی پسند پر لباس وغیرہ پہننے پر قادر نہیں تھے۔ چنانچہ اس مذہب کے ہواخواہوں

سے ایک گروہ نے کہا کہ حکومت کو فردی اقتصادی شعبوں میں دخل اندازی سے دور رکھنا چاہیے تاکہ سامان درآمد، برآمد کرنے کا اور تجارتی معاملات میں حکومت کوئی دخل نہیں رکھتی ہو۔ اسی مذہب کے ہواخواہوں سے دوسرے گروہ نے کہا کہ: سوائے ان موارد کے کہ فرد واحد سب کو نقصان پہنچائے، حکومت اس کے معاملات میں دخل اندازی کا حق نہ رکھے۔ کیونکہ اگر انسان کی آزادی کچل دی جائیں تو اس کی ایجاد، صنعت اور بہت سی چیزیں بنانے کی صلاحیت ختم ہو کر رہ جائے گی۔ آخر کار دوسرے ایک گروہ نے کہا کہ ہر فرد پر لازم ہے کہ اقتصادی و عملی امور کی اپنی فہرست معین کر لے سوائے اس قسم کے امور کے کہ جن میں حکومت حق دخالت رکھتی ہو۔

۲۔ وہ لوگ جنہوں نے حکومت کو صلاحیتوں کے دینے میں تجاوز کیا ہے دلیل لاتے ہیں کہ انسان کا اجتماعی پہلو اس کے شخصی و انفرادی پہلو سے اہم ہے لہذا فرد واحد کو حق نہیں ہے کہ زیادہ مقدار، یا بقدر مساوی صلاحیت کو اپنے لئے مخصوص کرے۔ بلکہ اگر صلاحیت کے دس حصے کریں تو نو حصے حکومت کے لئے اور ایک حصہ فرد سے متعلق ہو جائے گا۔ مزید بر آں حکومت زیادہ واضح اور گہرا تجربہ رکھتی ہے ہیئت حکومت کی مجموعۂ آراء، فرد واحد کی رائے سے تمام موضوعات میں درست تر اور صحیح تر ہیں۔

۳۔ جس نے حکومت اور فرد دونوں کے درمیان میں عدالت کو روا رکھا ہے، اسلام ہے۔ جس نے ہر ایک حکومت اور فرد دونوں کے لئے حقوق مقرر کئے ہیں، اسطرح کہ حکومت لوگوں کے امور کی نگرانی، ان کی بدنظمیوں کا خاتمہ، ان کو راہ خدا پر گامزن اور مجوزہ ترقی کی طرف رہبری کرتی ہے اس کے بعد ہر فرد زندگی کے مختلف شعبوں میں سارے حقوق اور پوری آزادی رکھتا ہے اور اسلام نے انفرادی آزادی کی حمایت کی خاطر دو قانون وضع کئے ہیں۔ جو عبارت ہیں:

ا۔ لوگ اپنی جان پر مسلط ہیں۔ ۲۔ لوگ اپنے اموال پر مسلط ہیں، سے۔

جس طرح لوگوں کو حکومت کے جاری کرنے کا حکم (حکومت کو سننے اور اس کی اطاعت کا) دیا۔ یقیناً اسلام کا اہم امتیاز اس موضوع پر یہی ہے کہ اس نے حکومت کی صلاحیتوں کو پر کشش نہیں بنایا جتنا کہ ہر فرد کی آزادیوں اور خود مختاریوں میں توسیع دی ہے۔ کیونکہ اسلام نے قانون سازی کی سپردگی کا ہاتھ لوگوں کے ہاتھوں میں نہیں تھمایا تاکہ انفرادی خود مختاری خطرے میں نہ پڑے، جیسا کہ آج کے معاصر حکومتوں میں نظر آرہا ہے۔

(اہداف حکومت)

جو کچھ گزر چکا اس سے معلوم ہوتا ہے کہ حکومت اسلامی کا ہدف عبارت ہے:

ا۔ لوگوں میں، عدالت میں توسیع، تاکہ کوئی دوسرے پر تعدی و تجاوز نہ کرے۔

۲۔ لوگوں کے لئے مناسب فضاء مہیا کرنا، زندگی کے تمام شعبوں میں ان کو آگے بڑھانے کے لئے۔ یہ دو ہدف اس اعتبار سے تھے کہ اسلام حکومت ہے، مگر اس اعتبار کے ساتھ کہ حکومت حاکم و فرمانروا ہے، تیسرا ہدف بھی رکھتا ہے: وہ ہے لوگوں کو اطاعت خدا کے لئے قریب کرنا اور معصیت سے دور کرنا تاکہ پاداش الٰہی سے بہرہ مند ہوسکیں (اور طبعاً) یہ ہدف ان تمام مفروضات سے جداگانہ ہے جن کو حکومتیں اہداف بنائے پھرتی ہیں۔ مثال کے طور پر:

ا۔ کسی گروہ کی نظر میں حکومت کا ہدف قومی برتری کی حمایت، شہریوں کی آزادی کی محافظت اور لوگوں کی ترقی کی کوشش ہوتا ہے۔

۲۔ دوسرا گروہ کہتا ہے: حکومت کا ہدف امن کا قیام لوگوں کے درمیان نظم و

عدالت کی برقراری، قوم کی ضروریات کو پورا کرنا، عام آسائش کی فراہمی کے لئے کوشش کرنااور لوگوں کی سطح بلند کرنا ہے۔

۳۔ تیسرے گروہ کے عقیدے کے مطابق: ہدف حکومت عام آسودگی کی کھوج، لوگوں کو خود مختاری دینا، انسان کی سعادتمندی کی راہ استوار کرنا اور اخلاق کی حمایت کرنا۔ یقیناً تین نکاتی اہداف جو ہم نے اسلام کے لئے ذکر کئے ہیں وہ ان کو ہی نہیں بلکہ ان کے علاوہ کو بھی شامل ہیں جو ان لوگوں نے بیان کئے ہیں۔

(تین رنگی عناصر)

لیکن حکومت کو تشکیل دینے والے عناصر جو ان کے بغیر تشکیل حکومت ناممکن ہے وہ عبارت ہیں:

ا۔ امت فرمانبردار۔ (ہیئت اقتدار کی)

۲۔ ہیئت اقتدار

۳۔ سرزمین کہ جس میں سکونت پذیر ہوں، سے۔

اس میں کوئی فرق نہیں ہے کہ امت، ہیئت اقتدار کے دین پر ہو یا نہ ہو۔ اس میں اختلاف ہے کہ اسے حکومت کہنا صحیح ہے یا نہیں جب امت کے لئے کوئی خاص سرزمین نہ ہو مثلاً کوئی مسلمان کسی کافر ملک میں زندگی بسر کرے لیکن کسی دوسرے ملک کی ہیئت اقتدار کا فرمانبردار ہو۔ دوسرا بھی اختلاف ہے کہ اگر ایک ہی سرزمین پر دو حکومتیں ہوں اور امت دونوں کی فرمانبرداری کرے سوائے اس کے کہ دونوں حکومتوں کے درمیان تصادم ہو جائے۔ تو آیا ایسی صورت میں اس کو حکومت کہنا صحیح ہے یا نہیں۔ مگر یہ بحث اور پچھلے دو فرضوں پر جو بحث مترتب ہوتی ہے، دونوں ہمارے موضوع سے خارج ہیں۔

اور ہم تو اسلام کی رو سے (اس) بیان کے متعلق جو کہہ سکتے ہیں وہ یہ ہے کہ ہر فرد مسلمان کو چاہیے کہ ہیئت اقتدار اسلامی کا مطیع اور پابند ہو خواہ ہیئت اقتدار کے لئے کوئی حکومت ہو یا نہ ہو یا ایک ہی سر زمین پر دو حکومتیں ہوں یا ایک ہی حکومت۔ ان ملکی توانائیوں کے ذکر کرنے کی کوئی ضرورت نہیں ہے جو ایک کامل حکومت میں مہیا کرنی چاہیں جیسے:

دولت و ثروت، اسلحہ، فوج، نظام، قبیلہ، دین، زراعت، صنعت، تعمیر، تعلیم و تربیت اور اجتماعی رابطہ امت اور حکومت کے درمیان۔

(ڈیموکریسی)

مناسب ہے کہ مشہور حکومتوں کے اقسام کا جلدی اور واضح ذکر کریں۔ دانشمندوں کے ایک گروہ کی نظر میں حکومت اور دولت میں فرق ہے۔ اس بیان کے ساتھ کہ حکومت وہی ہیئت اقتدار ہے اور دولت سرحدوں کے اندر مجموعہ ملت کا نام دولت ہے۔ مگر اس کتاب میں ہمارے لئے اصطلاح اہمیت نہیں رکھتا لہذا اس کی بحث کو چھوڑ دیا۔ مگر اقسام حکومت عبارت ہیں:

ا۔ ڈیموکریٹک حکومت

یہ یونانی لفظ ہے اور اس کا معنی لوگوں کی حکومت ہے گزشتہ قدیم زمانے میں یہ حکومت یونان و اسپانیہ میں تھی اور اس کو فرانسیسی انقلاب نے دور جدید میں زندہ کر دیا۔ انقلابی، بادشاہوں کے ظلم و جبر اور تعدی و تجاوز کے خلاف اٹھ کھڑے ہوئے۔ ڈیموکریسی سے مراد ہے پارلیمنٹ کی تشکیل کے لئے قوم کے آزاد نمائندوں کے انتخابات، تاکہ پارلیمنٹ کے نمائندگان کی اکثریت کے احکام و قوانین صحیح کے ذریعے مملکت پر اندر اور باہر حکومت کی جائے۔ اور بالکل واضح ہے کہ اسلام اس نظام کو قبول

نہیں کرتا کیونکہ ڈیموکریسی، حکومت کا سرچشمہ، عوام کو قرار دیتی ہے کہ وہ جو چاہیں کریں اور اسلام خدا کے سوائے کسی کی حکومت مناسب نہیں سمجھتا ہے اور جدید جمہوریت کے لئے ممکن ہے جبکہ سارے شہری ایک ہی خطے سے تعلق رکھنے والے ہوں تو خون کے رشتوں، اصل و نسب، زبان اور ان کی مشترک عادتوں کو اپنی گرہ باندھ لے۔ اس مفہوم کے ساتھ ڈیموکریسی اسی قوم اور اصل و نسل پرستی کے فکر کے ساتھ ہے لہذا اسلام اس کو سند قبولیت نہیں دیتا۔ اور یہ مہمترین اعتراضات ہیں مگر اختصار کی وجہ سے پیش نہیں کر سکتے۔

۲۔ ارستو کریسی

جس کا معنی اقلیتی حاکم کے ہیں جو لوگوں پر منتخب کیا گیا ہو اس کا انتخاب علم و دانش، دین یا فوجی گروہ کی مانند یا ایسے کسی اور بنیاد پر ہوتا ہے۔ ارسطو کے نظریے کے مطابق یہ حکومت بہترین حکومتی اسلوبوں میں سے ہے۔ صرف اس میں یہ شرط ہے کہ اقلیت حاکم منصب ہو۔ اس پر بھی اسلام دستخط نہیں کرتا گزشتہ مشکلات کی وجہ سے اور مزید بر آں اقلیت حاکم کے لئے کوئی معیار قرار نہیں دیا ہے اور اکثر ایسی اقلیت خود پرستی و فضول خرچی کا شکار ہوتی ہے جس طرح انگلستان میں بھی دیکھا جاتا ہے کہ وہاں پر دو مجلسیں (parliaments) قائم ہیں۔ مجلس لارڈس، مجلس عوام۔ اور برطانیہ کے مراکز استعمار میں سے بہت سے مراکز جو استعماری حکومتوں کے اندر ہیں وہ انہیں لارڈوں سے منسلک ہیں، جو اپنی اقتصادی و اجتماعی مراکز کے خواستگار ہیں۔ اور یہ اپنی خواہشات کے لئے دوسرے ملکوں کے استعمار کو مجبور کرتے ہیں۔

(سوشلزم)

۳۔ سوشلسٹ حکومتیں

سوشلزم سے مراد ہے دولت وثروت کو قومی تحویل میں لینا۔ اس معنی کے ساتھ کہ ساری دولت وثروت حکومت سے منسلک ہو جائے اور اس کے دو حصے ہیں:

ا۔ سوشلسٹ کمیونسٹ حکومتیں ۲۔ سوشلسٹ غیر کمیونسٹ حکومتیں

اور فی الحال ہمارا مقصود دوسرے نمبر کی حکومتیں ہیں جس کا یہ مطلب ہے کہ حکومت کا تسلط عام منابع ثروت پر ہو جیسے ریلویز، بجلی، بڑے کارخانے، زمین، فاریسٹ، دریا، معادن، بڑی نہریں اور ایسے پیدائشی ذرائع۔ اس سسٹم کی چند طریقوں سے تعریف کی گئی ہے۔ مثلاً "دے کنسون" کہتا ہے: تنظیم اقتصادی قوم، کی نگرانی میں ملک کے ذرائع آمدنی پوری قوم کی ہونی چاہیئے۔ ان ذرائع ووسائل کو ایک ایسی ہیئت کہ جو قوم کی نمائندہ ہو سکے اور اس پر نگران ہو، کے ذریعے چلایا جائے اور یہ کام ایک عام اقتصادی منصوبہ بندی کے ذریعے وہ۔ چنانچہ اس مشترک ومنظم ذریعہ معاش کے معاملات افراد قوم سے ہر فرد کا حق عدالت کے ساتھ ہونا چاہیے۔ اور غالباً کمیونزم اور سوشلزم کے درمیان اہم فرق یہی ہے کہ پہلا نظام سارے وسائل کے علاوہ ہر قسم کی دولت وثروت حتی رہائشی گھر اور اس طرح کی جائیداد کو مشترک سمجھتا ہے جبکہ دوسرا عام وسائل ثروت کو ہی ہتھیانے کا نظریہ پیش کرتا ہے۔ اور خود سوشلزم کا نظام مختلف ملکوں میں مختلف ہے۔ مثلاً ہر کمیونسٹ ملک انگلستان، ہند، عرب وغیرہ جیسے ممالک منابع ثروت میں کوئی جدید طرز ایجاد کرتے ہیں۔ بالآخر نظام سرمایہ داری اور سوشلزم میں دوسرا فرق نظر نہیں آتا مگر کچھ موارد میں چونکہ سوشلزم حکومتوں (بمع کمیونسٹ حکومتیں) اور سرمایہ دار ممالک میں سے ہر ایک اسی طرز واسلوب سوشلزم پر رواں دواں ہے۔ جی ہاں جس تفاوت کو ذکر کیا

جاسکتا ہے وہ یہ ہے کہ:

۱۔ کچھ حکومتیں روس جیسی کمیونزم کی طرف زیادہ میل ورجحان رکھتی ہیں۔

۲۔ کچھ حکومتیں جیسے انقلابی عرب ممالک زیادہ رغبت سوشلزم کی طرف رکھتی ہیں۔

۳۔ اور حکومتوں کی کچھ تعداد جیسے امریکہ کا رجحان نظام سرمایہ داری کی طرف ہے۔

(کمیونزم)

۴۔ کمیونسٹ حکومت

کمیونسٹ حکومت دیرینہ زمانے سے یونان میں ظاہر ہوئی لوگ اس کے بر خلاف اٹھ کھڑے ہوئے۔ اور اس کی آواز دبا دی۔ اس کے بعد دوسری دفعہ فارس کی زمین پر "مزدک" نامی شخص اور اس کے ہواخواہوں کے ذریعے ظاہر ہوئی (مگر) پھر اس کے خلاف لوگوں کی جدوجہد نے اسے خاموش کر دیا، تا آنکہ آئندہ ساٹھ سالوں کے عرصے میں تیسری دفعہ روس میں ظاہر ہوئی اور دوسری حکومتوں مثلاً چین، یوگوسلاویہ مشرقی المانیا، کیوبا وغیرہ نے اس کی پیروی کی اور اب رو بہ زوال ہے اور معلوم ہوتا ہے کہ اگر امریکہ دوسری عالمگیر لڑائی میں روس کی المانی نازیوں کے خلاف مدد نہ کرتا تو اس وقت ہی کمیونزم (ان) قوموں سے نابود ہو جاتی۔ مگر وہ مدد کمیونزم کے لئے اس کی بقا اور اب تک کے پھلنے پھولنے کا سبب بنی۔ مگر ظاہر ہے کہ کمیونزم اندر اور باہر آخری نیستی کی طرف گامزن ہے۔ اور کیونکہ کمیونسٹ حکومتیں اور ان کا نگہبان روس سرمایہ داری نظام کی طرف مائل ہو گئے ہیں اور ایک طرف سے مہلک چوٹیں باہر سے اس نظام کے خلاف

ان کو سہنی پڑتی ہیں اور اگر تیسری عالمگیر لڑائی شعلہ زن ہو جائے تو کمیونزم مٹ جائے گی۔ چنانچہ شواہد اور سیاسی پیش گوئی اسی مفہوم کی طرف اشارہ کرتی ہے۔ شروع میں کمیونزم ایک اقتصادی پروگرام کے تحت تھی بعد میں تھوڑا تھوڑا پھیلتی گئی تا آنکہ عام فلسفے کی صورت اختیار کرلی اور زندگی کے تمام شعبوں میں مداخلت کرنے لگی۔

اس کا جوہر حقیقتاً دو اہداف میں ملخّص ہو جاتا ہے:

۱۔ لادینیت نسبت بہ آئیڈیالاجی

۲۔ دولت و عورت کا سب میں پھیلاؤ۔ بعد میں یوں کروٹ بدلی کہ پوری دولت و ثروت حکومت کی ڈیوڑھی کے اندر ہو جائے۔ اور لوگ تا حدّ امکان زیادہ کام کریں اور خرچ کم کریں اور عورتیں بھی خاندان کے نظام میں اور عام پھیلاؤ کے لئے تقسیم ہوئیں اور آخر نتیجتہً نہ کوئی خاندان باقی رہا نہ کامل پھیلاؤ۔ "اسٹالین" کے کہنے کے مطابق مارکسزم ایک ایسا علم ہے جو طبیعت اور قوم کی ارتقاء کے قوانین اور ستم رسیدہ اور استحصال شدہ طبقات کو انقلاب کے قوانین سکھاتا ہے اور یہ وہ علم ہے جو سوشلزم کی کامیابی کی تمام ملکوں میں خوش خبری سناتا ہے۔ آخر کار مارکسزم وہ علم ہے جو کمیونسٹ قوم کی تعمیر کا ہمیں سبق دیتا ہے۔

(مارکس کی تھیوری)

مارکس کی نظر میں عوامل مادی و اقتصادی ہی ہیں جو تعمیر قانونی، اجتماعی، سیاسی، ہنری، دینی وغیرہ کو وجود میں لاتے ہیں۔ اس بنا پر امور مذکورہ کی کوئی اصلیت نہیں ہے۔ بلکہ مادیات کی تکمیل کے حساب سے یہ بھی پایہ تکمیل تک پہونچ پاتے ہیں۔ اور خود مادیات، وسائل پیدائش کی تکمیل کے حساب تکمیل پاتی ہیں۔ اور ان کی نظر میں تاریخ

نے بھی مادہ سے جنم لیا ہے اسی مفہوم کو "تفسیر مادی تاریخ" نام دیتے ہیں اسی طرح مارکس (مارکسزم کا بانی) "ہگل" کی پیروی میں کہتا ہے: فکر انسانی ڈائلیکٹک (علم منطق یا سقراط کا طرز محاورہ) کی پیروی میں ارتقاء کی طرف بڑھ رہی ہے اور اس کی نظر میں ڈائلیکٹک سے مراد یہ ہے کہ ہر تھیوری اور تھیس اپنے ظاہر و آشکار نتائج کے ساتھ حاملہ ہوتی ہے۔ چونکہ ہر تھیس کا ایسا ضد بھی ہوتا ہے جو اس پر غالب آجاتا ہے (یہ تھیس بار آور نہیں ہو پاتی) ہاں کوئی تھیوری اس قدر استمرار و دوام پا لیتی ہے جو اگر اس کی ضد بھی اپنے طمطراق کے ساتھ سر اٹھائے تو اس کو کچل دے (تو یہ بار آور ہو سکتی ہے۔) "مارکس" نے اس تھیوری کو عالم افکار سے عملی طور پر اجتماعی نظاموں کی طرف منتقل کیا اور اس کے نظریہ کے مطابق ہر اجتماعی نظام میں چلتے چلتے فنا کے اسباب بھی پیدا ہو جاتے ہیں جو اس نظام کو فنا کر دیتے ہیں اور بعد میں آنے والا نظام اس کی جگہ لے لیتا ہے۔ یوں فکر و نظام بدل اور نقص و کمال کی دوڑ دھوپ میں ہمیشہ رواں دواں رہیں گے۔ مارکس کی نظر میں صرف دو طبقے وجود رکھتے ہیں:

۱۔ مزدوروں کا طبقہ

۲۔ مالکوں کا طبقہ یا سرمائے دار۔

اور ہمیشہ دوسرا طبقہ پہلے سے مفاد حاصل کرتا رہا ہے۔ لہذا سرمایہ داروں اور مالکوں کے ہاتھ سے دولت و ثروت کو چھیننے کے لئے ان کے خلاف انقلاب لانا ضروری ہے "مارکس" کہتا ہے کہ: تمام اخلاق و ادیان، سرمائیداری نظاموں کی پیدائش ہیں اس بنا پر سوائے خرافات و سود خوری کچھ نہیں۔ اس کے نظریہ میں پہلے وسائل پیدائش، اسکے بعد زمینوں کو قومیانہ چاہیے۔ بعد ازیں شخصی مالکیت کے نام کلی طور پر بتا دئے جائیں، چنانچہ خاندانی نظام بے کار اور عورتیں عام ہو جائیں اور سب کے درمیان مشترک ہو جائیں

کیونکہ خاندان تو سرمائیداری نظام کی پیدائش ہے۔ ان اہداف تک رسائی کے لئے اور کمیونسٹی نظام کو عملی جامہ پہنانے کے لئے پہلے نظم و نسق پیدا کرنا چاہیئے اور توانائی کو زور آوری کے ساتھ حاصل کرنا چاہئے۔ تب آمریت ان کارگزاریوں کا بدترین طریقہ ہو۔ لہذا "اسٹالن" نے قتل، آوارگی اور قید خانے کو رواج دیا جیسے (ابوالاعلی مودودی) نقل کرتے ہیں کہ تقریباً بیس (۲۰) ملین انسانوں کو منتشر اور صفحہ ہستی سے مٹادیا۔

(گفتار "مارکس" پر نقد و نظر)

کمیونسٹ تھیوری پر بہت سے اعتراضات ہیں۔ منجملہ:

۱۔ چرخہ تاریخ کو کچھ وجوہات کی بنا پر وجود میں لاتی ہے۔ جیسے دین، مردانگی، اپنوں کی دوستی، گروہ بندی، وطن پرستی اور ایسی اور چیزیں، صرف اقتصاد نہیں (کمیونسٹوں کے بقول)

۲۔ دین حقیقت ہے وہم نہیں ہے جیسا کہ علم فلسفہ سے ثابت ہوچکا ہے

۳۔ اخلاق حقیقت ہیں وہم نہیں ہیں۔ کیا کمیونسٹ قبول کریں گے کہ کوئی ان سے خیانت کرے یا ان سے جھوٹ بولے تجارت میں دھوکا کرے؟

۴۔ خاندان فطرت بشریت کا سربستہ راز ہے مزید برآں گھرانہ لائق اولاد کی تربیت کا آشیانہ ہے۔

۵۔ وسائل پیدائش کا اشتراک باعث کوتاہی پیدائش ہے۔ جب انسان جان لے کہ اس کی کمائی سے دوسرا بہرہ ور ہوگا تو کام کرنے کے لئے ضرورت آمادگی پیدا نہ کرسکے گا

۶۔ کمیونسٹوں کی گفتار میں تضاد بیانی نظر آتی ہے کیونکہ ان کے بقول کمیونزم

آخری نظام ہے جس کو باقی رہنا چاہیے اور دوسری طرف سے کہتے ہیں کہ ہر نظام اپنی رفتار کے دوران اپنا ضد اپنے ساتھ رکھتا ہے۔ اس بنا پر دوسرے قول کا قہری نتیجہ یہ ہے کہ کمیونزم اور سوشلزم مر مٹ کر دوسرے نظام میں تبدیل ہو جائیں گی۔

۷۔ قوم صرف دو طبقوں سے تشکیل نہیں پاتی بلکہ اس میں ملازم، طالب علم، ہادی، مزدور، زمیندار، تاجر، عالم، ہنر مند، شاعر، کاتب اور ان کے علاوہ بہت سے طبقے موجود ہیں۔

۸۔ لوگوں کے ضبط کئے ہوئے مال جب تک حکومت کے خزانے میں جمع کئے جائیں، بڑے سرمائے کے نام پر چھوٹے سرمائے کو ناس کرنے کے مترادف ہے

۹۔ آمریت، طبیعت بشر کے لئے سازگار نہیں ہے اس کو مٹا دینا چاہیے۔

۱۰۔ جس طرح سرمائیداروں پر ظالم و ستمگر ہونے کا اعتراض ہے۔ کمیونسٹوں پر بھی یہی شدید طریقے سے عائد ہے، کیونکہ ان کا ظلم ستم زیادہ ہے۔

(سرمایہ داری)

۵۔ حکومت سرمایہ داری

اس سے مراد ہے: سود کمانے اور مالی بہرہ وری کی پوری آزادی۔ اور حقیقت میں یہ نظام کسی حکومت کے لئے مخصوص نہیں ہے بلکہ ساری حکومتیں اس عنوان کی خاص شرائط و اصول کے ساتھ اجازت دیتی ہیں۔ اسلام مروجّہ سرمایہ داری کی طرز کو قبول نہیں کرتا بلکہ اسلام تمام قسموں کی منفعت حاصل کرنے کو مخصوص ضابطوں کے ساتھ جائز سمجھتا ہے جیسا کہ اس کو ہم بیان کریں گے۔

(حاکمیت اسلام)

۶۔ حکومت اسلامی

حکومت اسلامی زندگی کے تمام شعبوں میں مخصوص پروگرام رکھتی ہے۔ یہاں پر مناسب ہے کہ اس پروگرام کے اصولوں کی طرف اشارہ کریں۔

ا۔ مطالعہ جہان

اسلام کی رو سے جہان کا ایک ایسا پیدا کرنے والا ہے جو عاقل، طاقت ور اور عادل ہے۔ اس جہان کے فنا ہونے کے بعد پوری مخلوقات اسی کی طرف پلٹے گی تا کہ نیکو کاروں کو اچھی جزا ملے اور بدکاروں کو ان کے کیفر کردار تک پہنچایا جائے۔ اسلام کی رو سے ابو البشر حضرت آدمؑ کی پیدائش کے ساتھ انسان ایک جگہ اور موجودہ صورت کے ساتھ پیدا ہو گیا، نہ یہ کہ تدریجاً انسان نے آکر یہی صورت اختیار کی جو کہ "ڈارون" فکر کرتا ہے۔

۲۔ قوانین وضوابط

اسلام کی رو سے قانون سازی فقط خدا کے ہاتھ میں ہے۔ ہر حکم اور قانون کہ جس کا سرچشمہ کتاب، سنت، اجماع اور عقل نہ ہو کوئی قیمت نہیں رکھتا۔ کتاب سے مراد قرآن کریم اور سنت سے روایات و احادیث ہیں جو کہ نبی اکرمؐ اور بارہ اماموںؑ کی گفتار، کردار اور رفتار سے منقول ہیں۔ اجماع سے مراد ہے فقہاء کے ایسے گروہ کا کسی حکم پر اتفاق کہ معصومؑ بھی اس کا جزء ہو۔ اور آخری عقل سے مراد وہ علل احکام ہیں کہ جن کو عقل درک کر سکتی ہے مثلاً جھوٹ کی برائی، احسان کی اچھائی اور ایسی اور چیزیں۔ مگر وقتی حادثات جیسے جنگ اور صلح وغیرہ، اس کے بعد جو اسلام کے قوانین کلیہ ان امور کو شامل

ہیں باخبر حکومت اسلامی وقت کے شرائط کے مطابق ان امور پر حکم عائد کرے گی۔

۳۔ نظام حکومت اسلامی

اسلام کی رو سے مملکت اسلامی پر خدا کی طرف سے حکومت ہو گی۔ خدا نے یہ اختیار پیغمبرؐ اور اس کے بعد بارہ اماموں کو دے دیا ہے۔ اور امام نے خدا کے دستور کے مطابق یہی اختیار ایسے مرد کو سونپ دیا ہے جو احکام کو جان لے اور (ان کو) جاری کرے، اور مزید برآں وہ مرد عادل بھی ہو (یعنی نفسی حالت ایسی رکھتا ہو کہ اس کو واجبات کی ادائیگی اور محرّمات کے ترک پر ابھارے) یہ اسلامی حاکم حق رکھتا ہے کہ کسی مرد یا گروہ کو امور مسلمین چلانے کے لئے وکیل کرے اگر وہ اس کی صلاحیت رکھتے ہوں۔ اگر حاکم جامع الشرائط بہت سے ہوں تو ہر کوئی لوگوں کے انتخاب کے شرط کے ساتھ ان کے امور کی باگ دوڑ سنبھال سکتا ہے اور احکام میں مراجع تقلید کی طرف رجوع کر سکتا ہے۔ اگر کسی اسلامی ملک میں دو حاکم ہوں، اور ہر ایک ان میں سے موازین اسلام کے مطابق حکم کرتا ہے تو کوئی مشکل نہیں ہے اور تاوقتیکہ حاکم مذکورہ شرائط کے ساتھ متصف ہو اپنے مقام پر باقی رہے گا۔ پس اگر کچھ شرائط مفقود ہو گئے مثلاً عدالت سے گر گیا خود بخود حکومت کی صلاحیت سے ساقط ہو جائے گا۔

۴۔ زراعت

زمین اسلام کی رو سے دو حصوں میں تقسیم ہوتی ہے وہ زمین جو حکومت کی ملک یعنی حکومت کے ہاتھ میں ہوتی ہے مثل اس زمین کے جو مسلمانوں نے جنگ کے ذریعے حاصل کی ہے اور اصطلاح شرع میں اسے "مفتوح بعنوۃ" نام دیا جاتا ہے۔ دوسرا حصہ مباح زمینیں ہیں۔ پہلی قسم کی زمین سے حکومت فصل لیتی ہے اور اس کی پیداوار سارے

مسلمانوں کے لئے ہے۔ اور دوسرے قسم کی زمین اس شخص کی ملکیت ہوتی ہے کہ جس نے اس پر سبقت کی ہو۔ اس بنا پر زمین خدا ہر اس شخص کی ملکیت ہے جو اسے آباد کرے۔ جب اسلام نے لوگوں کو زراعت کی طرف رغبت دلائی ہے اور اس میں کوئی قید وبند قرار نہیں دیا لہذا حکومت اسلامی کی ساری زمینیں آباد اور سود مند ہو سکتی ہیں۔ اسلام میں "ملوک الطوائفی" اپنی طرز وروش (یورپ کے اندر جاگیر دار طبقہ رعایا پر حق تسلط و حکومت رکھتا تھا) کے ساتھ اور زرعی اصلاحات جو اس زمانے میں معمول بن چکی ہے وجود نہیں رکھتیں۔

۵۔ سوداگری و تجارت

جبکہ اسلام آزادی فراہم کرتا ہے، ہر آدمی حق رکھتا ہے کہ جو چاہے اور جس طرح چاہے تجارت کرے۔ اس طریقے سے اسلام اور سوشلزم و کمیونزم کا فرق ظاہر ہو جاتا ہے۔ جیسا کہ سرمایہ داری نظام کے ساتھ بھی مندرجہ ذیل موارد میں فرق رکھتا ہے:

۱۔ نقصان دہ مواد جیسے ہیروئن کی تجارت کا کوئی حق نہیں رکھتا۔

۲۔ اسلام میں حرام چیزوں جیسے الکحل کے مشروبات اور سور کی تجارت کا کوئی حق نہیں رکھتا۔

۳۔ کوئی حق نہیں رکھتا کہ کسی کو اقسام تجارت اور منفعت کمانے سے روکے۔

۴۔ جو کوئی منافعہ کماتا ہے اس پر واجب ہے کہ "خمس "یعنی پانچواں حصہ منفعت اور اسی طرح اپنی زکاۃ حکومت اسلامی کو ادا کرے۔ حکومت بھی اس آمدنی کو ضرورتوں کے رفع کرنے میں خرچ کرے تاکہ نہ کوئی ضرورتمند باقی رہے نہ کوئی ضرورت۔

۵۔ حکومت تجارت وکسب منفعت کا حق رکھتی ہے البتہ ان موارد میں کہ قانون

(لاضرر ولاضرار) ان کو شامل ہو، حکومت دوسروں کو نقصان دینے کی مجاز نہیں ہے۔

۶۔ جیسا کہ حکومت تجارت کو اپنانے کا حق نہیں رکھتی، اس دلیل کے ساتھ کہ تجارت کے سارے اقسام آزاد ہیں۔

۶۔ صنعت اور اسلام

صنعت کسی بھی نوعیت کی ہو اسلام اس کی رغبت دلاتا ہے۔ صنعتوں، کارخانوں پر کوئی قید و حد، شرط و ٹیکس، جو اب تمام حکومتوں میں معمول ہے، عائد نہیں کرتا۔ اس لئے صنعت اسلام کی روشنی میں تیزی کے ساتھ منزل ارتقاء کی طرف بڑھے گی۔

۷۔ آزادی اور اسلام

آزادی اسلام کے لحاظ سے کوئی آئین کوئی فکر ماضی میں ہو خواہ مستقبل میں اسلام کے آسمان سطح کو چھو نہیں سکتا۔ ہر آدمی اسلام کی روشنی میں سفر، رہائش، زراعت، تجارت، اقتصاد اور تمام امور میں آزاد ہے۔ اور کوئی شخص ان کاموں سے اسے روک نہیں سکتا۔ ہاں اس صورت میں کہ وہ حرام کام انجام دے (ایسے امور بھی بہت کم ہیں) لہذا کوئی محدودیت، ٹیکس، قید، شناختی کارڈ، پاسپورٹ، تعارفی کارڈ، نوکری سے معافی کارڈ اور ایسی چیزیں اسلام میں اعتبار نہیں رکھتیں۔

۸۔ اقتصاد اور اسلام

اقتصاد اسلام میں وسیع طریقے سے ترقی کرتی ہے، مندرجہ ذیل عوامل کی وجہ سے:

الف۔ اسلام تجارت، زراعت اور صنعت میں آزادی دیتا ہے اور ظاہر ہے کہ یہ آزادی و خود مختاری مملکت کی اقتصاد کی سطح کو کس درجے بلند کرنے میں مددگار ہے!

ب۔ خود حکومت اسلامی جہاں تک ممکن ہے زیادہ سے زیادہ مقدار میں زمین و

خاک وطن کی فصل اگانے کا کام سر انجام دے گی، جو کہ ارتقاء و رونق اقتصاد کا ایک اہم سبب ہے۔

ج۔ حکومت اسلامی میں ملازمین بہت کم ہوتے ہیں اور ان کی تنخواہیں حکومت کے خزانے سے دی جاتی ہیں، کیونکہ اسلام بہت سے اداروں کو شرعی اور ضروری نہیں سمجھتا اس لئے اسلام میں ادارہ جات سادگی کے ساتھ اور کم تعداد میں ہیں۔

د۔ حکومت اسلامی کا فرض ہوتا ہے کہ ضرورت، فقر اور بے روز گاری کو قوم سے دور کرے اور انسانی اور طبیعی توانائیوں کو کسب منفعت اور تجارت پر لگائے۔ یہی اقدام خود ملک کی اقتصادی حالت کو بہتر بنانے کا باعث ہے۔

۹۔ فوج اور اسلام

فوج کا کردار بہت ہی مفید اور فعال ہے۔ اسلام میں فوجی بھرتی جبری نہیں ہے بلکہ اسلام تمام لوگوں کو فوج کے لئے آمادہ کرتا ہے مندرجہ ذیل ان دو طریقوں میں سے کسی ایک کے ساتھ:

اول: فوجی آمادگی اور اسلحہ و فوجی جنگی مشقوں کی نوعیت میں ترقی البتہ بطور رضا و رغبت، نہ بالجبر و اکراہ

دوم: زمین کی ایک بڑی اراضی مہیا کرنا کہ جس میں ہر خواہشمند آدمی کی تعلیم کے لئے بہترین ماڈرن وسائل ہوں۔ اور ظاہر ہے کہ لوگ ایسی تربیت و تعلیم گاہ کہ جوان کا چند گھڑیوں سے زیادہ وقت نہیں لیتی اور پھر ان کو مضبوط اور توانا بنا دے، بڑا استقبال کریں گے، جیسا کہ پہلے زمانے میں لوگوں نے قدیمی اسلحے کی تربیت اسی انداز سے لی ہے۔

۱۰۔ صلح و اسلام

اسلام دین صلح وامن ہے لہذا کسی پر تجاوز نہیں کرتا۔ جنگ کی نچلی سطح پر اکتفا کرتا ہے۔ اگر مظلوم قوم ہو تو اسلام ان کی مدد کرنا اپنا فرض سمجھتا ہے اور اس کو استعمار و استحصال کے آقاؤں اور ظالموں کی آلودگی سے پاک و نجیب کر دیتا ہے۔

۱۱۔ صحت اور اسلام

اسلام نے صحت کے لئے ارشادات فرمائے ہیں۔ جیسے روزہ، ازدواج، نظافت اور نمک کا استعمال وغیرہ اور کچھ چیزوں سے روکا ہے جیسے پیٹ بھر کر کھانا اور اپنے کو خطرے میں ڈالنا اور نقصان دہ چیزوں کو حرام قرار دیا ہے جیسے الکحل کے مشروبات اور سور اور ان چیزوں کو جو باعث اضطراب و ناخوشی ہوں۔ اسلام نے صحتمندی اور خوش عیشی کے لئے ہر چیز کی صحیح سمت اور اس کے پہلو کو اجاگر کر دیا ہے۔ مزید بر آں اسلام نے بیماروں کے ساتھ خصوصاً ان میں جو محتاج ہیں، خاص رعایت برتی ہے حتی کہ میڈیکل ٹیموں، ہسپتالوں دواخانوں وغیرہ کی بنیاد یہیں سے سرچشمہ پاتی ہے۔

۱۲۔ علم وادب اور اسلام

اسلام میں علم وادب کی سطح بلند کرنے کے لئے کوئی چیز اسلام کے اس قانون سے بہتر نہیں آئی جو فرماتا ہے کہ: "علم و دانش کی طلب ہر مسلمان مرد و عورت پر واجب ہے۔"

۱۳۔ عورت اور اسلام

عورت حد کمال تک خود مختاری اور شخصیت رکھتی ہے۔ اس طرح کہ سوائے بے پردگی اور اسکولوں، تالابوں وغیرہ میں مردوں کے میل جول کے، مردوں کی طرح تمام حقوق سے بہرہ ور ہو سکتی ہے۔ اس بنا پر کوئی پیشہ اختیار کر سکتی ہے، درس پڑھ سکتی ہے،

زراعت کر سکتی ہے، تجارت کر سکتی ہے، ڈاکٹر یا نرس ہو سکتی ہے یا ان کے علاوہ کوئی اور کام۔ اسلام کے احکام کا ایک خاصا حصہ عورت کو ایک مخصوص اہمیت دیتا ہے، جو عمیق فلسفہ کے مطابق اس کی زنانہ طبیعت سے سرچشمہ پاتا ہے۔

۱۴۔ قضاوت اور اسلام

اسلام نے تا حد کمال سستا انصاف دینے کی حمایت کی ہے اور بڑی سادگی کے ساتھ۔ چنانچہ ایک قاضی سات معاونوں (یا کمتر) کے ساتھ ایسے شہر کی مشکلات کی تفتیش کر سکتا ہے جس میں ایک ملین آدمی رہتے ہوں، جس کے چند اسباب ہیں:

الف۔ جرائم کی کمی: اسلام ایسی صالح اور شائستہ فضاء پیدا کرتا ہے کہ جس میں جرائم کی کمی آجاتی ہے۔

ب۔ قضاوت کی بہت سادگی۔

ج۔ اسلام بہت سے ایسے قوانین کو قبول نہیں کرتا کہ جو جرائم کا باعث بن جاتے ہیں جیسے سرحدوں اور کسٹمس وغیرہ کے قوانین۔

۱۵۔ ادارے اور اسلام

اسلام میں ادارے بہت کم ہیں مثلاً ادارہٴ اوقاف اور یتامیٰ اور ایسے قاضی سے تعلق رکھتے ہیں اور ان کے الگ اور مخصوص ادارے نہیں ہیں۔ اگر یہ کہیں کہ ادارہ جات اسلامی آج کی دنیا میں معمول ادارہ جات سے ۱۰/ ۱ ہیں تو حقیقت سے ہٹ کر بات نہیں کی ہے۔ حقیقتاً اس پندرہ نکاتی مواد سے ہر نکتہ کی ایک ضخیم جلد کتاب بن سکتی ہے تاکہ اسلام کے اس عنوان پر سارے امتیازات کو بیان کرے اور اس مختصر کتاب میں جو ہم نے ہر موضوع کے بارے میں ذکر کیا ہے یہ تو ایک انتہائی خلاصہ اور اجمال ہے۔ یاد آوری

کے لئے لازم ہے کہ جب اسلام ادارہ عدل و انصاف کو مضبوط کرتا ہے اور ضرورتوں کو پورا کرنے کے لئے بیت المال قرار دیتا ہے، لوگوں کے اکثر کاموں کی نگرانی کرتا ہے باس طریقے سے کہ زیادہ سامان وسرمائے کی ضرورت نہ رکھتے ہوں، مثلاً کاؤنسل (syndicate) وغیرہ، بے بسی کو ختم کرنے یا محتاجوں کی مدد کرنے کے لئے وجود میں آتی ہے اور بے نظمیوں اور مجبوریوں کو جلد اور منصفانہ قضاوت کے ذریعے دور کیا جاسکتا ہے اور بیت المال کے ذریعے مدد بھی مہیا کی جاسکتی ہے۔

(نفاذ اسلام)

یہاں پر ایک سوال پیش آتا ہے کہ اگر اسلام ایسا ہی ہے جیسے آپ کہتے ہیں تو کس زمانے میں اسے نافذ کیا گیا ہے؟ کیونکہ یہ بات مشہور ہے کہ حقیقی اسلام کسی زمانے میں نافذ نہیں ہوا ہے۔ اس سوال کا جواب واضح ہے کہ اسلام اکثر ادوار اسلامی میں نافذ ہو چکا ہے مگر بطور ناقص سوائے چند زمانوں کے کہ جن میں اسلام بطور کامل نافذ ہو چکا تھا، جیسے خود پیغمبرؐ کا زمانہ اور انکے بعض حقیقی خلفاء کے ادوار میں۔ مگر تمام اسلامی ادوار میں تجارت، زراعت، اقتصاد، فوج اور ثقافت وغیرہ کے موضوعات میں مملکت کا عام نظام دین اسلام کی بنیاد پر رہا ہے۔ اب یہی مشکل ڈیموکریسی اور کمیونزم نظاموں کے لئے بھی پیدا ہوتی ہے، کیونکہ تاہنوز حقیقتاً وہ نافذ نہیں ہوئے ہیں۔ مثلاً صدر نے خواص و مقربوں پر بلکہ سب پر حقیقتاً نافذ نہیں کیا ہے۔ پھر اب کیوں ان نظاموں کے لئے اذان دی جاتی ہے جبکہ ابھی تک وہ نافذ نہیں ہوئیں؟ گمراہ جانشین ایسے گذرے ہیں کہ جو اسلام کو حدود قصر اور اپنے مقربوں میں تو نافذ ہی نہیں کرتے تھے۔ مگر نظام مملکت صرف اور

صرف اسلام کی بنیاد پر تھا۔

(قانون کی پیروی)

ایک گروہ بیعت، تقلید اور خلیفہ یا اس کے نائب کی "پیروی" کا درمیانی فرق پوچھتا ہے۔

جواب بیعت سے مراد ہے: (ایک فرد مسلمان کا اپنے اوپر خلیفے کی پیروی کو لازم قرار دینا) اور اس کی ظاہری ضرورت بھی تھی وہ یوں کہ مسلمان اپنا ہاتھ کو خلیفہ کے ہاتھ میں دیتا تھا جیسا کہ پیغمبرؐ اسلام نے بیعت شجرہ کے دن درخت کے نیچے اپنی ذات اقدس کے لئے اور عید غدیر کے دن علی ابن ابی طالب علیہ السلام کے لئے مسلمانوں کے بیعت کرنے میں اسی صورت کا حکم فرمایا تھا۔ اور جو کچھ شرعی دلائل سے ظاہر ہوتا ہے وہ یہ ہے کہ بیعت مسلمانوں کے ایک ایک فرد پر واجب نہیں بلکہ وجوب اس وقت ہے جب پیغمبر صَلَّی اللّٰہُ عَلَیْہِ وَسَلَّم یا امام علیہ السلام ان سے طلب کرے۔

اور تقلید سے مراد ہے: احکام شرعی پر اے سے فقیہ کے فتوے کے مطابق عمل کرنا جو احکام کو ان کے اصلی مدارک کے ذریعے جانتا ہو اور عدالت، مردانگی، بلوغ اور دوسرے شرائط سے متصف ہو جو کتب فقہ میں آئے ہیں۔ اور خلیفہ یا اس کے نائب کی پیروی: البتہ خلیفہ پیغمبر صَلَّی اللّٰہُ عَلَیْہِ وَسَلَّم کی پیروی سے مراد ہے جنگ، صلح وغیرہ میں اس کے اوامر واحکام کی اطاعت کرنا خواہ فقیہ ہو یا فقیہ کی طرف سے نائب ہو، خواہ وہ مسلمان اس کا مقلد ہو یا دوسرے فقیہ جامع الشرائط کا۔ رئیس (صدر) حکومت اسلامی پر واجب ہے کہ وکلاء اور گورنر اور قاضیوں کو امور مملکت کے چلانے کے لئے منتخب کرے خواہ یہ

انتخاب خود اس کے ذریعے ہو یا ایسے شخص کے ذریعے ہو جو اس کی طرف سے نمائندہ ہو۔ ان وکلاء اور گورنروں میں دو شرط لازم ہیں۔

ا۔ کفایت ۲۔ عدالت

قاضی میں ان دو شرطوں کے علاوہ احکام اسلامی میں 'نظر' بھی اضافہ ہوتی ہے۔ اور اسی طریقے سے گورنر اور قاضی میں شرط ہے کہ مرد، مسلمان اور مومن ہو اور دوسرا یہ کہ رئیس یا اس کا جانشین حق نہیں رکھتا کہ غیر مسلمان کو مسلمان پر مسلط کرے۔ مگر ملازمین کے تمام معاملات جیسے تعیین اوقات کار، ذمے داری کو انجام نہ دینے کی صورت میں معطل کرنا، کام کے برابر یا اس کی کفایت کے مطابق بیت المال سے اسکی تنخواہ کی ادائیگی (payment)، اس کا استعفاء منظور کرنا، صلاحیت کے مطابق ترقی دینا، ایک ادارے سے دوسرے ادارے کی طرف تبادلہ کرنا، اوقات کار کے دوران یا اس کے بعد پبلک ڈیلنگ کی کیفیت و طرز اور ان کے علاوہ سارے معاملات حاکم اسلامی کے اختیار میں اور اس کی صوابدید پر منحصر ہیں۔ اسلام ملازم اور غیر ملازم کو قانون کے سامنے ایک ہی خیال کرتا ہے اور جو بھی جرم کرے اس کو سزا دیتا ہے بنابر این ملازم و غیر ملازم، گورے و کالے عرب و عجم اور تمام لوگوں میں اگرچہ مختلف جہتوں سے مختلف ہی کیوں نہ ہوں کوئی فرق نہیں ہے اور یہ موجودہ زمانے کے بہت سے قوانین کے خلاف ہے کیونکہ وہ قوانین جرائم اور گناہوں میں بعض ملازمین کے لئے امتیاز برتنے کے قائل ہیں جیسے بادشاہ یا رئیس جمہوری قانون سے مستثنیٰ ہوتا ہے۔ اس طرح کے اس دور کے قوانین سب کے سامنے واضح و آشکار ہیں۔ دوسرا یہ کہ وزراء کا انتخاب، رائے دہندگان کا جمع کرنا، عملے کی کثرت و کمی، امت اسلامی کے تقاضا کے مطابق ہوگی کیونکہ ان امور کی کوئی مخصوص

ہیئت اسلام میں ذکر نہیں ہوئی ہے۔ ہاں کوئی شک نہیں ہے کہ اسلام (ان امور کی وجہ سے) کامیاب ہے:

ا۔ وسیع و کثیر خود مختاریاں۔

۲۔ حیرت انگیز سادگی

۳۔ مسلمانوں کے درمیان زیادہ اعتماد

۴۔ اسلامی حکومت کے دفاتر بہت کم ہیں۔ شاید حکومت اسلامی کے دفاتر موجودہ حکومتوں میں سے کسی حکومت دفاتر کے دسویں حصے میں ہوں۔ اور یہی کافی ہے جو سمجھیں کہ ایک ملک کے بہت سے ادارے ایک گورنر، قاضی، اور بیت المال کے سرپرست کے ہاتھ میں ہوتے ہیں۔ ملازمین بہت مختصر تعداد میں دئے جاتے ہیں۔

(اقلیتیں)

مملکت اسلامی میں اقلیتوں کا وہی حکم ہے جو دوسرے ممالک میں اقلیتوں کا ہے۔ صرف ایک فرق ہے وہ یہ ہے کہ اسلام میں اقلیتیں اپنی ساری خودمختاریوں سے بہرہ مند ہوتی ہیں سوائے منکرات کے اعلانیہ استعمال کے کہ اس کے مجاز نہیں ہیں۔ کیونکہ وہ اسلام کی روشنی میں تمام خود مختاریوں سے بہرہ مند ہے لہذا طول تاریخ میں ہمیشہ اقلیتیں ، مسلمانوں کی حکومت کے خواستگار رہی ہیں۔ ان کی خواہشیں یہی رہی ہے کہ جو غیر اسلامی حکومتیں ان پر ظلم وستم کرتی ہیں ان کا تختہ الٹ دیں یا ان کو مٹا دیں۔

(ضرورتوں کا پورا کرنا)

اسلام میں "بیت المال" کے نام سے ایک خزانہ ہے جس میں خمس، زکواۃ، خراج اور جزیہ جمع ہوتا ہے اور تمام اسلامی امور، بینواؤں، ضرورتمندوں وغیرہ پر خرچ ہوتا ہے۔ اور یہ امور اقتصادی سے اہم امر جو فقر و حرص کو زائل کرتا ہے، آج تک ایسا خزانہ معاصر حکومتوں میں صفحۂ ہستی پر نظر نہیں آیا۔ بیت المال کے کاموں کا نمونہ یہ ہے (جو حکومت کے مختلف مہمات کو پورا کرنے کے علاوہ ہے) کہ بے چارے و بینوا کو اس کی بینوائی رفع کرنے کے لئے، مریض کو اس کے علاج کے لئے، اس مسافر کو جو سفر میں محتاج ہو گیا ہو، اسے خاندان تک پہنچانے کے لئے، کنوارے کو اس کے ازدواج کے لئے کسان کو ضروری چیزیں (ہل و بیل وغیرہ) خریدنے کے لئے مدد کرنا ہے۔ ایسے ہی اس خاندان کو جسے مکان کی ضرورت ہو، اسی طرح ان سب کو جو پونجی نہیں رکھتے ہوں، اس طالب علم کو جو علم حاصل کرنا چاہتا ہو اور سفر کرے، مناسب مدد کرتا ہے۔ ان موارد کے علاوہ مملکت کی ضرورتوں کو پورا کرتا ہے۔ لہذا مملکت اسلام میں کوئی فقیر دیکھنے کو نہیں ملتا۔ حتی کہ ایک دفعہ حضرت امیر المومنین علیہ السلام نے ایک فقیر کو دیکھا کہ اس نے دست گدائی دراز کیا، حیرانی کی حالت میں کھڑے ہو گئے اور پوچھا یہ کیا ہے؟ عرض کیا کہ وہ بوڑھا نصرانی ہے، عاجز و لاچار ہو گیا ہے۔ امام نے فرمایا تم نے اس کے ساتھ انصاف نہیں کیا۔ اس سے کام لیتے رہے تا آنکہ عاجز ہو گیا پھر چھوڑ دیا! اسے بیت المال سے معین وظیفہ ادا کرو۔

ان اہم محرکات سے جو اسلام قوم کے لئے فراہم کرتا ہے، حتی کہ ترقی یافتہ قوموں میں بھی وہ محرکات نہیں ملتے وہ ہیں:

ا۔ ایمان: وہ باعث بنتا ہے کہ انسان اپنے آپ کو تمام حالتوں میں خدا کے سامنے ذمے دار سمجھے۔ اس طرح انسان کا باطنی مانع (کے دل) میں ایک جذبہ پیدا کر دیتا ہے جو اسے جرم، خیانت، خلاف عقل و ہدایت کام کرنے سے دور رکھتا ہے۔ اگر ڈھائی لاکھ انسانوں پر دس لاکھ انسپکٹر بھی مقرر کر دے تو اتنی انسپیکٹروں کی کثیر تعداد ایمان والی تاثیر لوگوں میں (پیدا کر کے) پوری نہیں کر سکتے۔ وہ ایمان ہی ہے جو لوگوں کی روک تھام اور جرائم و گناہوں کے ارتکاب سے باز رکھتا ہے۔

۲۔ اعتماد: قوم اپنے افراد کے باہمی اعتماد کے ساتھ ہی اپنی زندگی گزار سکتی ہے۔ جب کبھی اعتماد کمزور ہو جائے، اجتماعی ناطے اور رابطے ٹوٹ جائیں مثلاً اگر لوگوں کا حکومت پر اعتماد نہ ہو تو اس کے ساتھ مل جل کر کام نہیں کریں گے اور اگر حکومت کا لوگوں پر اعتماد نہ ہو تو آگ لوہے والا سلوک ان کے ساتھ روا رکھے گی۔ اور اسی انداز سے مگر اسلام نے ایک فرشتہ صورت روح معنویت کے ساتھ لوگوں میں پھونک دی ہے لہذا اعتماد باعث اطمینان و استقرار، آسودگی و سعادت (ہی نہیں بنتا) بلکہ اس میں پائیداری بھی پیدا کرتا ہے۔

۳۔ فضیلت: جرائم کے گھٹانے کا سبب بنتی ہے بلکہ بسا اوقات جرائم کا خاتمہ ہی کر دیتی ہے۔ کیونکہ جرم، اولاً تو باطنی خباثت اور ثانیاً ضرورت سے سرچشمہ پاتا ہے۔ مثلاً کوئی شادی نہ کرے تو زناکار ہو جائے گا۔ اسلام انسان کو ایمان اور فضیلت کے ساتھ اس کے باطن کو پاکیزگی عطا کرتا ہے اور بیت المال کے ذریعے قوم کی حاجت کو برلاتا ہے۔ اسی وجہ سے جرائم خود بخود جماعت اسلامی سے بستر باندھ لیتے ہیں۔ اور بالکل واضح ہے کہ جماعت و قوم کے درمیان سے جرائم اٹھ جانے سے کس حد تک راحت، سعادت و خوش

بختی، حکومت وملت کے ہر فرد کے لئے پیدا ہو جاتی ہے۔

(قوانین خاص وعام)

خاتمہ میں ہمیں کہنا پڑے گا کہ نظام اور زندگی کے ہر موضوع میں اسلام دو قسم کے قانون رکھتا ہے:

ا۔ قوانین خاص

وہ قوانین جو خصوصی طور پر نظام سے متعارف کراتے ہیں جیسا کہ نظام میں رئیس حکومت ہے اور وہ پیغمبر ﷺ، امام علیہ السلام یا اس کا قائم مقام ہی ہو سکتا ہے۔۔۔۔۔۔۔۔۔۔۔۔۔۔۔۔ یاوہ قوانین جو مخصوص انداز سے کسی پروگرام کو بیان کریں۔ جیسے الکحل کے مشروبات اور ازدواج سے ممانعت جبکہ شوہر کے پاس پہلے ہی چار بیویاں موجود ہوں۔

۲۔ قوانین کلی

وہ قوانین جو بہت سے افراد پر جاری ہوتے ہیں جیسے ملازمین کی تعداد کی تعیین اور ان کی کارکردگی کی طرز اور اس چیز کا حلال ہونا جو مناسب اور شائستہ ہے، جیسے رہائش، لباس، خوراک، مشروبات اور انسان کی ساری ضروریات۔ اسی بنا پر جس طرح برقی توانائی اور ہوائی جہاز سے مسافرت حلال ہے ویسے ہی (ہمیں کہنا پڑے گا کہ) سربراہ حکومت مصلحت کے مطابق ملک کی رفتار کی تقاضا کی خاطر کسی نظام کو منتخب کرے اس شرط کے ساتھ کہ وہ نظام اسلام میں حرام نہ ہو۔

اور جس طرح جدید ٹیکنالوجی کے وسائل کی خدمات، آسودگی حیات کے لئے

حاصل کرنا ممنوع نہیں ہیں ویسے ہی مملکت کی چکی چلانے کی خاطر کسی ایسے بہترین نظام کا انتخاب و نفاذ کہ جس تک طائر فکر بشر پرواز کر چکا ہو ممنوع نہیں ہے۔ یہ آخرین ہدف تھا جو چاہا کہ اس رسالے میں درج کریں۔ خدا تعالی سے طلب گار ہوں کہ مسلمانوں کو توفیق دے تا کہ اسلام پر بلحاظ عقیدہ، شریعت اور نظام عمل کریں، تا کہ زندگی میں سعادتمند، آرام پذیر اور دنیا و آخرت میں موفق اور بہرہ ور ہوں۔

سبحان ربک رب العزۃ عما یصفون و سلام علیٰ المر سلین والحمد للہ رب العالمین والصلوۃ والسلام علیٰ محمد و آلہ الطیبین الطاہرین۔

* * *